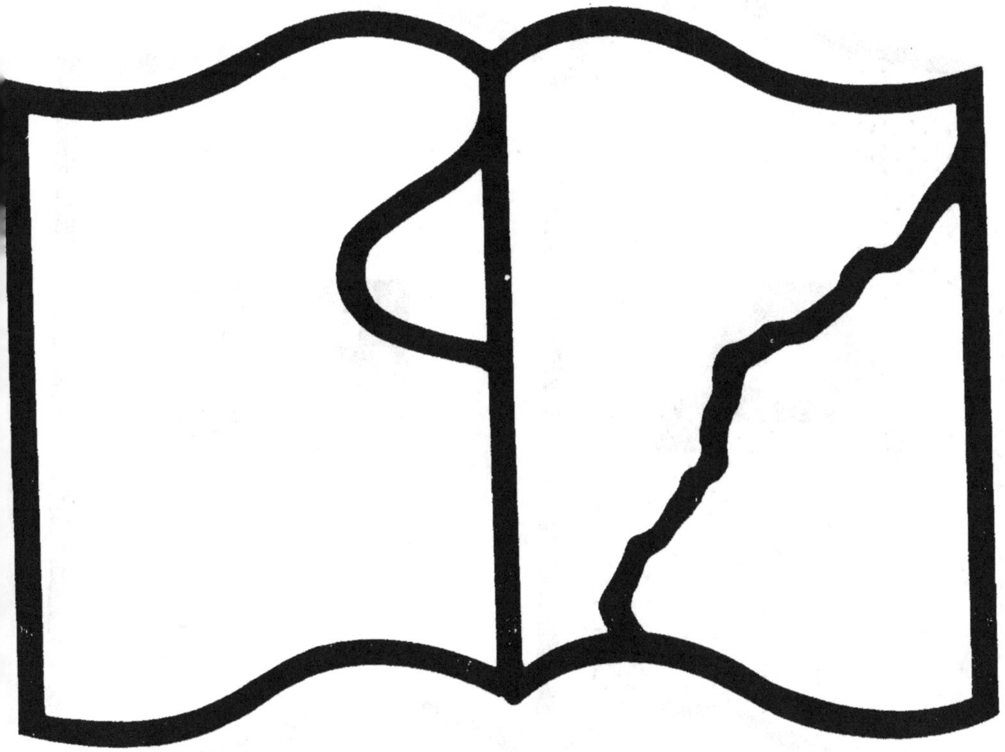

Texte détérioré — reliure défectueuse

NF Z 43-120-11

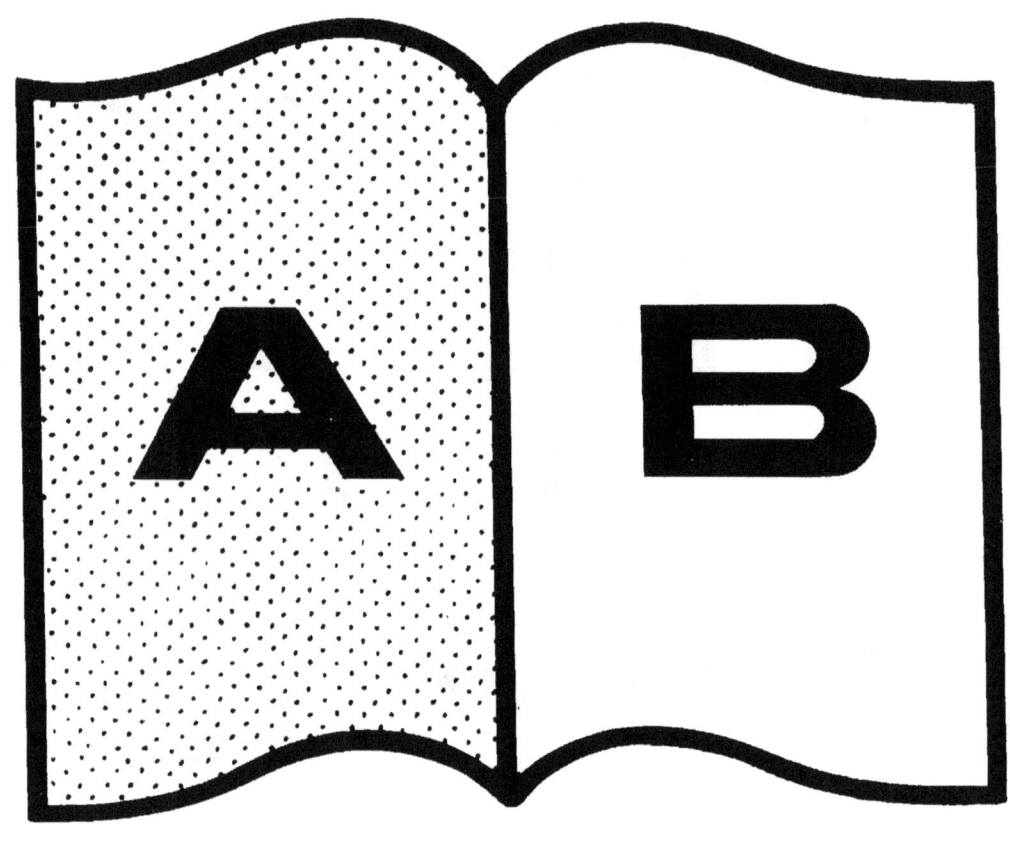

Contraste insuffisant

NF Z 43-120-14

ENCYCLOPÉDIE A. L. GUYOT

- HYGIÈNE
- AGRICULTURE
- LÉGISLATION
- INDUSTRIE
- SCIENCES
- SPORTS
- ARTS
- MÉTIERS

H. de GRAFFIGNY

LE THÉATRE
A LA
MAISON

Avec 40 figures explicatives

PARIS
20, Rue des Petits-Champs

Algérie, Colonies et Étranger : **35** Cent.
(Port en plus)

30ᶜ

LE THÉATRE A LA MAISON

830

OUVRAGES DU MÊME AUTEUR

publiés dans la

COLLECTION A.-L. GUYOT

Le Tapissier décorateur
Télégraphie et Téléphonie sans fil
Le Menuisier amateur
Le Mécanicien amateur (1re partie)
Le Mécanicien moderne (2e partie)
Le Jeune Electricien amateur
Manuel du Cycliste
Manuel du Conducteur d'automobiles
Les Petits Travaux d'amateurs
Cent Expériences de physique
Cent Expériences de chimie
Cent Expériences électriques
Les Aventures d'un Aéronaute
10.000 kilomètres en ballon
Le Tour du Monde en Automobile (4 vol.)
Les Cerfs-Volants (Construction et manœuvre)
L'Electricien moderne

LE THÉATRE A LA MAISON

Construction, Agencement, Décoration, Éclairage, etc., de petits théâtres pour marionnettes, pupazzi et personnages vivants.

PAR

H. de GRAFFIGNY

Avec 40 figures explicatives

PARIS
Collection A.-L. GUYOT
20, Rue des Petits-Champs, 20

TOUS DROITS RÉSERVÉS

Le Théâtre à la Maison

Construction, Agencement, Décoration, Éclairage, etc., de petits théâtres pour marionnettes, pupazzi et personnages vivants.

CHAPITRE PREMIER

Les représentations théâtrales enfantines

S'il est un amusement qui plaît aux enfants, c'est bien le théâtre, et ils s'ingénient souvent à reproduire une pièce à laquelle ils ont assisté, ou même à organiser entre eux des représentations théâtrales qu'ils varient selon les caprices de leur imagination. Ils sont ainsi auteurs, acteurs et quelquefois spectateurs ; ces goûts de l'enfance persistent même souvent, et c'est ce qui explique l'abondante floraison de théâtres d'amateurs dont se plaignent amèrement les professionnels, qui trouvent de plus en plus difficilement à tirer un parti fructueux de leur talent, en raison de cette concurrence.

Avant de jouer la comédie eux-mêmes, les enfants se familiarisent avec les choses de la scène grâce aux petits théâtres que l'on vend dans tous les bazars et magasins de jouets. Les acteurs ne sont que des poupées, mais celui qui les manœuvre les fait parler à sa fantaisie et, devant ses frères et sœurs ou des camarades assemblés et qui constituent l'auditoire, le directeur de théâtre improvise des dialogues et fait évoluer les personnages sur la scène minuscule.

De ce qui précède, il résulte qu'il existe deux catégories de théâtres, la première se divisant elle-même en deux variétés : ce sont les théâtres pour acteurs artificiels, marionnettes et pupazzi, et ceux pour acteurs vivants, et nous les étudierons successivement dans cet ordre au cours des pages qui vont suivre.

Bien qu'on puisse trouver chez les marchands des théâtres avec leur assortiment complet d'acteurs et leurs accessoires, on aura tout profit à construire de ses propres mains ces objets. Il n'est pas besoin de rappeler tous les avantages que l'on retire de l'exécution de ces petits travaux d'amateur : l'enfant acquiert, sans presque s'en douter, l'habileté manuelle qui lui manque ; ce n'est plus un travail, mais un plaisir, et l'objet une fois terminé a pour lui beaucoup plus de prix, quelque imparfait qu'il puisse être, que le plus magnifique théâtre ayant coûté la forte somme dans un magasin.

C'est pour faciliter la besogne aux juvéniles fabricants que le présent opuscule a été rédigé ; c'est un guide dont ils pourront suivre les avis et les indications avec avantage pour établir le matériel scénique indispensable à toute sorte de représentations. Avant d'arriver à l'organisation d'une scène destinée aux acteurs humains, il semble nécessaire de parler d'abord des théâtres en réduction, sur lesquels on fait évoluer des personnages de proportions en rapport avec les décors qui les entourent. Et la réussite d'une semblable entreprise demande une certaine patience, car elle entraîne des opérations fort complexes. Pour monter un petit théâtre il faut être à la fois menuisier, peintre, décorateur, costumier, électricien, mais, comme nous le montrerons plus loin, il est parfaitement possible à un enfant d'une dizaine d'années de mener à bien une construction de ce genre.

De tout temps les marionnettes ont fait les délices de l'enfance, de même que les ombres chinoises et la lanterne magique, et ces amusements n'ont été détrônés de nos jours que par les nouvelles conquêtes de la science, le cinématographe notamment. Tous les pays ont eu leurs pupazzi nationaux : en Espagne l'ineffable don Cristoval, en Allemagne Hans Wurtz, le vorace et balourd Jean Saucisse, en Angleterre le caustique et clownesque Punch, en Autriche Jean Klaassen et Casperl, en Hollande Hans Pickelharing, en Turquie le cynique Karagheuz, à Naples Pulcinella, enfin à Lyon le célèbre Guignol avec son compère Gnafron.

On trouve les théâtres populaires de marionnettes établis en France à la fin du xvie siècle comme des spectacles fort suivis. Vers 1650, Brioché ouvrit son théâtre en plein vent ; son fils François Brioché fut le digne précurseur des célèbres Cadet de Beaupré, Nicolet et Audinot. Au xviiie siècle, on faisait jouer aux marionnettes des opéras-comiques, des vaudevilles, des parodies écrits à leur intention par les meilleurs fournisseurs de la Comédie Italienne. Les *bamboches* d'Audinot eurent une vogue extraordinaire; chacune des figures de ce théâtre représentait un personnage de la troupe italienne. Par la suite, cet habile *impresario*, pour rester fidèle au genre du théâtre des Pygmées, substitua à ces marionnettes des enfants.

Le théâtre parisien des marionnettes, qui avait été installé en premier lieu au Palais-Royal en 1784, émigra ensuite, sous la direction de Séraphin et de ses héritiers, sur les boulevards, où il vécut jusque vers 1875 sous le nom de *Théâtre-Miniature*. Sur une scène de proportions réduites, et au milieu de petits accessoires à leur taille, les marionnettes semblaient presque des personnes vivantes.

Depuis lors, les théâtres enfantins ont disparu, et les tentatives faites pour revivifier ce genre n'ont eu qu'un succès éphémère. Citons les fantoches de Thomas Holden, admirablement mécanisés, les pupazzi de Lemercier de Neuville, les poupées parlantes du ventriloque Brice Bolton, le *Petit Théâtre* de l'éditeur Méricant, les théâtres de Guignol lyonnais de Mourguet et ses successeurs, de Duranty et les théâtres d'ombres artistiques, dont le genre a été rénové par les artistes du *Chat-Noir* vers 1880. Toute une littérature cependant a été destinée par des auteurs dramatiques à l'usage de ces divers spectacles, et parmi les œuvres les plus récentes, il convient de citer le *Guignol des Champs-Elysées* [1], de Tavernier et Arsène Alexandre, le *Guignol Lyonnais* [2],

---

1. Ch. Delagrave, éditeur, Paris.
2. Bornemann, éditeur, Paris.

d'Etienne Ducret, le *Théâtre en famille*[1], de Léon Valbert, le *Théâtre des Pupazzi*, de Lemercier de Neuville, et tout récemment le *Nouveau répertoire du Guignol parisien*[3], par l'auteur du présent opuscule, répertoire de quinze pièces de genres différents.

Les possesseurs de théâtres de marionnettes ou de guignols ont donc le choix maintenant entre une foule de pièces dont ils peuvent organiser la représentation sans avoir à se torturer l'esprit pour combiner une action plus ou moins intéressante. Tout se borne alors à l'agencement de la décoration suivant les indications données par les auteurs, et à la manœuvre des acteurs. Les principales difficultés sont écartées, mais peut-être le plaisir est-il moins grand...

Mais notre but n'est pas ici de refaire, après nombre d'autres auteurs non sans mérite[4], l'histoire des marionnettes à travers les âges ; notre programme est tout autre et entièrement du domaine pratique. Nous voulons simplement donner des indications précises sur les moyens à mettre en œuvre pour construire soi-même, avec le minimum d'outils et de peines des théâtres de toute espèce avec leurs accessoires variés, c'est-à-dire théâtres de marionnettes, de guignols, d'ombres, enfin pour amateurs, de manière à pouvoir jouer sur ces scènes les pièces des répertoires dont la liste a été énoncée un peu plus haut.

---

1. Méricant, Paris.
2. Librairie Théâtrale.
3. André Lesot, éditeur.
4. Voy. Petite, Marionnettes et Guignols, chez Juven, éditeur.

L'enfant qu'a enthousiasmé une pièce à laquelle il a assisté, l'adaptera à la scène minuscule dont il dispose et en reproduira à sa façon les diverses péripéties, et il n'est pas bien certain qu'une comédie ainsi arrangée n'amusera pas les jeunes spectateurs assistant à la représentation tout autant qu'une pièce charpentée par un dramaturge expert.

Et le jeune impresario ne trouvera pas moins de plaisir à préparer de ses mains son théâtre et à édifier par lui-même toute la construction. Si c'est une petite fille, elle transformera ses poupées en marionnettes et coudra leurs costumes. Ainsi l'organisation du spectacle, suscitera l'activité, surexcitera l'imagination des débutants, et les obligera à faire appel à toutes les ressources de leur esprit pour surmonter les difficultés qu'ils rencontreront avant d'atteindre le but rêvé. Bien entendu, le père de famille ou la maman surveilleront le travail, et, par leurs judicieux conseils, aideront les jeunes architectes à triompher des obstacles imprévus et mener à bien l'entreprise commencée. Ce petit livre pourra d'ailleurs leur servir de guide.

CHAPITRE II

Construction d'un petit théâtre de marionnettes

La méthode la plus simple pour édifier un petit théâtre de marionnettes consiste à se procurer, chez les libraires tenant ce genre d'article ou directement chez les éditeurs, des feuilles imprimées représentant la façade d'un théâtre et des décors représentant différentes vues d'intérieur ou d'extérieur, et à coller ces feuilles sur du carton que l'on découpe ensuite suivant le profil de chaque dessin. Il existe des séries de grandeurs variables, mesurant depuis 0^m20 sur 0^m30 de dimensions jusqu'à 0^m80 sur 0^m50, permettant de construire des théâtres plus ou moins grands.

Lorsque les acteurs seront des marionnettes, c'est-à-dire des poupées dont les mouvements sont commandés par des fils que l'opérateur tient dans ses doigts, la scène théâtrale sera déposée sur une table, derrière laquelle se tiendra debout la personne dirigeant les mouvements des personnages.

Tout d'abord, il faut remarquer que la plupart de ces théâtres jouets ne comportent que deux plans de coulisses, le rideau ou décor de fond étant disposé au troisième plan. Pour ne pas gêner es acteurs dans leurs déplacements, il est nécessaire d'adopter un agencement tel qu'ils puissent circuler d'un plan à l'autre, depuis le fond ou *lointain* jusqu'à l'avant-scène sans que les fils les actionnant se trouvent arrêtés par aucun obstacle. Voici donc comment il convient de procéder pour un petit théâtre de ce genre :

Ayant adopté une grandeur déterminée de théâtre et en possession d'abord de la feuille imprimée représentant la façade, on commence par coller cette feuille sur une planchette mince ou sur une planche de carton d'une épaisseur de 2 ou 3 millimètres. Lorsque l'assemblage est sec, on découpe tout le contour du dessin, soit à la scie à découper fine, soit, si c'est du carton épais, avec une *pointe* d'encadreur, de manière à évider le milieu, qui constituera l'ouverture de la scène, puis l'on met en place ce que on appelle le *manteau d'arlequin* (Fig. 1).

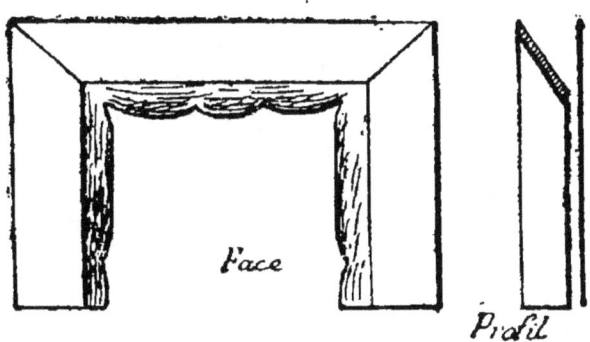

Fig. 1. — Manteau d'Arlequin.

On donne ce nom à l'encadrement intérieur de la scène qui présente l'aspect d'un manteau de cheminée. Il se compose de trois morceaux, deux verticaux réunis en haut par un troisième rappelant la disposition d'un liteau de porte, ces trois pièces étant assemblées par des joints obliques, de telle manière que ces pièces rétrécissent l'ouverture libre de la façade à laquelle on les réunit, soit par des bandelettes de papier collées à la colle forte, soit par de petites pointes fines ou par tout autre procédé.

Le manteau d'arlequin est complété par trois bandes de carton fixées à la partie interne (côté de l'intérieur de la scène), à l'aide de pointes ou de colle, et sur lesquelles (du côté extérieur vu du public) on a peint une draperie rouge foncé.

La façade ainsi préparée et munie du manteau d'arlequin, on la monte sur un socle qui sera constitué par une boîte en carton mesurant 0^m45 de large sur 0^m45 de longueur (ou à peu près selon les dimensions à donner au théâtre), boîte dont les quatre côtés seront renforcés pour ne pas s'écraser sous le poids. Ou, ce qui sera bien mieux, on fera soi-même ce socle avec quatre planchettes mesurant : celle pour la face avant 0^m45 sur 0^m06 et celle pour la face arrière 0^m45 sur 0^m10 ; les planchettes des côtés devant les réunir mesurant 0^m45 de long sur 0^m06 de large à un bout et 0^m10 à l'autre bout.

Le fond de cette boîte, qui devra se trouver, non en contact avec la table lorsqu'on la pose sur celle-ci, mais en dessus, sera fait d'une feuille de carton bien rigide qui constituera le plancher de la scène, feuille clouée aux quatre côtés verticaux. La plus haute se trouvant en arrière, ce plancher se trouvera légèrement incliné de l'avant à l'arrière.

Pour donner un aspect rappelant davantage la réalité, on cloue, juste au milieu de la face avant du socle, une petite planchette de 6 centimètres de côté qui servira de point d'appui central à une bande de carton de 10 centimètres de hauteur, clouée ou collée par ses deux extrémités sur les côtés de la boîte socle. Cette bande affectera ainsi le contour d'une courbe, on la doublera intérieurement (du côté regardant la scène) d'une feuille de papier d'étain ou de clinquant et c'est là que, le cas échéant, on placera les lampes devant fournir l'éclairage de la rampe.

La façade du théâtre sera implantée verticalement à 10 centimètres en arrière du bord antérieur de la boîte garnie de cette partie arrondie. On la fixe sur le plancher en l'appuyant sur deux petites équerres en bois collées ou clouées, d'une part sur la face interne de cette façade et d'autre part sur le plancher. Puis, cet ouvrage fait, on place, toujours intérieurement, à droite et à gauche et en haut, deux tasseaux destinés à servir de supports au rideau d'avant-scène. Ces tasseaux seront assez longs pour que ce rideau puisse affleurer, en descendant, les draperies figurant le manteau d'arlequin.

Les décors étant ordinairement composés de deux plans de coulisses et d'un rideau de fond, pour soutenir les coulisses, on pratiquera dans la feuille de carton figurant le plancher, une série d'ouvertures rectangulaires de 15 millimètres sur 5, espacées de 2 en 2 centimètres, l'une derrière l'autre, la première à 9 centimètres en arrière du manteau d'arlequin, la dernière à 20 centimètres de ce point, et comme le montre la figure représentant le plan de la scène en construction. Ces ouvertures représentent les *costières* d'un théâtre véritable et serviront à maintenir les *portants*, réglettes de bois sur lesquelles seront collées les parties de décor constituant les coulisses, et qui dépasseront la coulisse de 2 centimètres environ par en bas, de manière à s'engager dans le trou

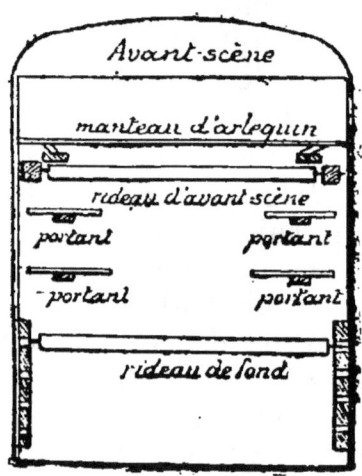

Fig. 2. — Plan de l'agencement d'un petit théâtre.

du plancher. Comme le théâtre ne comporte que deux plans, il suffirait de deux costières de chaque côté, mais il est préférable d'en ménager plusieurs, les unes derrière les autres, pour pouvoir espacer convenablement les coulisses suivant la perspective, ou au besoin mettre plusieurs coulisses en place afin d'agencer des changements à vue.

Dans un théâtre de marionnettes il est difficile de placer des *frises*, ces bandes de toile peinte qui traversent la scène dans toute sa largeur et représentent, suivant le décor, soit un plafond, soit des nuages. On comprend, en effet, que ces bandes empêcheraient les personnages de passer d'un plan à l'autre, les fils auxquels ils sont suspendus venant buter contre les frises qui forment une barrière. Il faut donc tourner la difficulté en ménageant une solution de continuité dans chaque bande, ou en se résignant à faire passer les marionnettes sur les côtés, où il existe un espace libre, pour venir du lointain à l'avant-scène ou inversement.

Pour terminer le théâtre dont le plancher et la façade ont été mis en place, on prépare les deux côtés qui le fermeront et seront composés de deux feuilles de carton rigide mesurant 0^m40 de côté, et que l'on dressera sur le socle en les fixant à la façade par de petites pointes. En arrière, le carton sera maintenu sur le plancher de la même manière

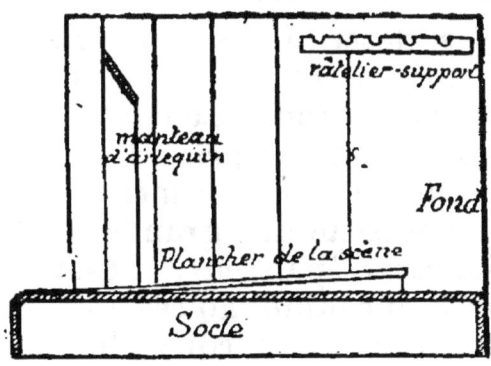

Fig. 3. — Coupe en long d'un petit théâtre de marionnettes.

que l'est la façade, c'est-à-dire au moyen de deux équerres en bois de 1 centimètre d'épaisseur collées ou clouées.

Avant de fixer ainsi d'une manière définitive ces deux côtés du futur théâtre de marionnettes, il convient de les munir, à leurs extrémités qui se trouveront placées en regard l'une de l'autre, de bandelettes de carton plus mince, repliées à angle droit et dont un des côtés est collé à la grande feuille de carton.

Ces bandelettes, qui mesureront 5 centimètres de largeur une fois en place, auront pour but de maintenir en place les rideaux de fond sur lesquels les décors sont peints ou imprimés. Pour un théâtre de la grandeur indiquée, ces décors seront simplement collés sur une feuille de carton mince ; on pourra donc les faire glisser entre les bandelettes leur servant de coulisse, comme s'il s'agissait d'un tiroir de meuble, et en mettre plusieurs en place l'un derrière l'autre pour préparer des changements à vue instantanés.

D'après les descriptions qui viennent d'être données, le prix de revient d'un petit théâtre de 40 centimètres de façade et de profondeur est très minime : les dessins imprimés coûtent 10 centimes la feuille et 20 centimes avec dorure. La construction nécessite une grande feuille de carton de 3 millimètres d'épaisseur, mesurant 80 centimètres de côté et coûtant 40 centimes. On découpe dans ce carton les deux côtés, le plancher et la façade, et les chutes donnent les côtés de la boîte-socle. Un quart de feuille de carton plus mince, des planchettes minces pour le manteau d'arlequin et plus épaisses pour les équerres et les tasseaux, tels sont tous les matériaux à employer, et on peut affirmer que l'espèce de boîte constituant le théâtre revient à moins de 1 franc — c'est pour rien, on en conviendra — mais il faudra ajouter, à cette dépense première, celle des feuilles imprimées des décors et coulisses (à 10 ou 20 centimes par décor) selon grandeur et impression.

Si ce théâtre paraît trop petit et un peu trop rudimentaire, on peut construire un modèle plus grand, dans le genre de celui établi par l'éditeur A. Méricant. Ce modèle mesure 80 centimètres de largeur sur 74 de haut et 30 seulement de profondeur ; il est démontable, et par suite nullement encombrant. Son prix est modeste : 15 francs ; une instruction détaillée, imprimée sur les pièces mêmes de la construction, donne toutes les indications nécessaires pour le montage.

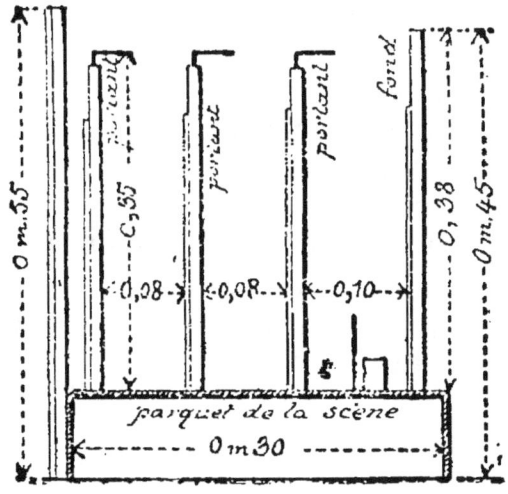

Fig. 4. — Agencement des coulisses.

Rappelons en passant le sens des expressions techniques que nous sommes obligés d'employer à tout instant, et qui sont d'un usage courant lorsqu'on parle d'installations scéniques. Une scène de théâtre se compose d'un *plancher* sur lequel se meuvent les personnages ; d'une *façade* qui sert de cadre à l'ensemble et dont la surface est assez grande pour dissimuler les changements de décors et les mouvements des mains qui actionnent les acteurs ; d'une *draperie* intérieure, placée immédiatement derrière la façade et qui porte le nom de *manteau d'arlequin*, d'un *rideau mobile* qui sert à masquer ou à démasquer la scène et qui monte et descend entre la façade et le manteau d'arlequin ; enfin de *portants* qui, comme leur nom l'indique, portent les pièces mobiles du décor. On désigne sous le nom de *coulisses* les petits décors parallèles qui s'installent à droite et à gauche de la scène, à différentes profondeurs, et sous celui de rideau de fond le grand tableau plein qui occupe tout le fond de la scène. Les *fermes* sont des pièces de décoration qui se posent directement sur le plancher de la scène où elles sont maintenues par des tasseaux collés sur la face arrière et disposés obliquement en arc-boutant.

Les différentes figures (pages 12 à 16) montrent l'agencement des diverses pièces entrant dans la construction de ce théâtre. La fig. 1 représente le théâtre vu en perspective par l'arrière avec les portants et leurs pièces d'assemblage. La fig. 2 donne en plan et la fig. 3 en élévation vue de profil les dispositions des divers organes avec les mesures. Une caisse de bois mince peut fournir le soubassement. Il suffit pour cela de lui donner la hauteur requise de 8 centimètres et que ses grands côtés mesurent 0^{m}55 de longueur. En déclouant alors les deux petits côtés et en rapportant deux morceaux triangulaires à droite et à gauche du

fond avant de les reclouer, **on obtient la forme**
trapézoïdale indiquée dans le dessin. Une planche
dans laquelle vous découperez l'ouverture de scène
convenable vous fournira la façade. Des manches
à balai sciés en deux dans le sens de la longueur,
ou des baguettes (lattes) de section rectangulaire,

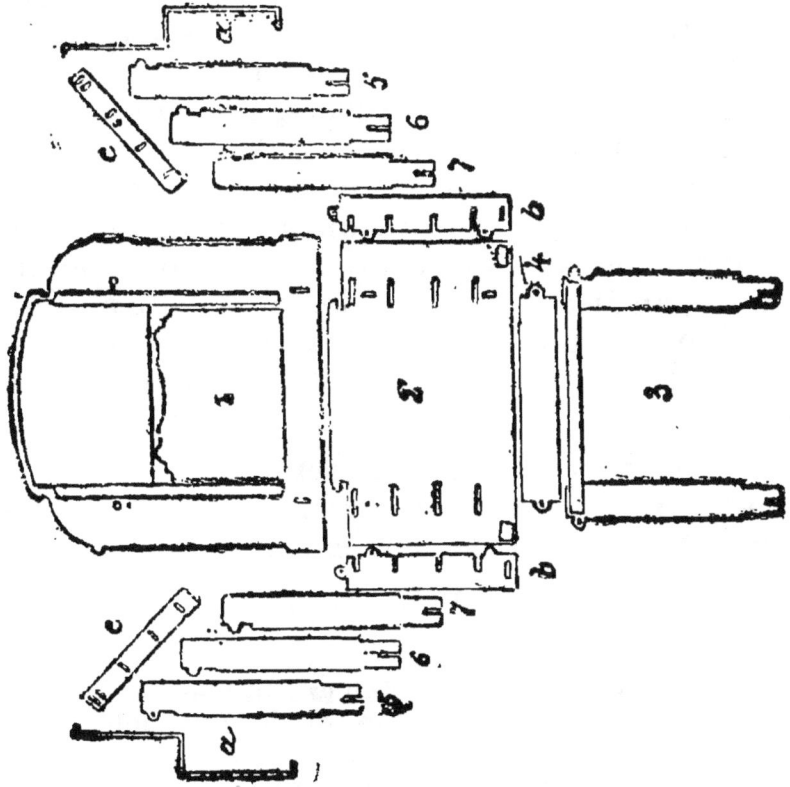

Fig. 5. — Ensemble des pièces constitutives
d'un petit théâtre de marionnettes

solidement cloués dans le fond de la caisse, constitueront les portauts. On fore un trou à la partie
supérieure pour engager le bout coudé des tringles

de support des personnages. La façade doit mesurer 0ᵐ80 de largeur sur 0ᵐ73 de hauteur; l'ouverture de la scène aura 0ᵐ44 de largeur sur 0ᵐ30 de haut; le rideau destiné à la fermer doit mesurer 0ᵐ50 de large sur 0ᵐ35 de haut. Dans cette construction en bois, les coulisses et le fond doivent être fixés aux portants avec des petites pointes sans tête ou de la *semence* de tapissier. Pour accroître la solidité et permettre l'appui des bras à la personne chargée de tenir les acteurs, il est bon de relier par une traverse les deux portants de fond, et même tous les portants à la façade par une autre traverse, comme on le voit dans la fig. 1. Il va sans dire que les personnes désireuses d'avoir quelque chose de beaucoup plus solide pourront prendre, au lieu de carton, des planchettes minces que l'on découpe avec une scie à découper ou un bocfil selon le contour du dessin collé à leur surface.

La fig. 5 représente l'ensemble de toutes les pièces entrant dans la construction du théâtre édition Méricant, avec leur correspondance.

Ces pièces sont au nombre de 16 et leur prix est le suivant :

Façade en couleurs, impression sur papier simple.	0.85
La même, collée sur carton de 5 millimètres, découpé....................................	2.50
Rideau et manteau d'arlequin en feuille sur rouleau de bois............................	0.25
Glissières en bois pour actionner le rideau, la paire.	0.60
Tringles de consolidation, la pièce...............	0.10
Plancher de scène tout préparé pour le montage..	1.55
Portants de droite ou de gauche, la pièce........	0.40
La série complète de 3 paires portants libres et 1 paire de portants reliés à la traverse du fond par des rivets mobiles.......................	2.75

Portants du fond reliés à la traverse, la paire	0.50
Traverses-contreforts de maintien des portants, la pièce	0.40
Soubassements latéraux, la pièce	0.40
id. du fond, id.	0.35
Chevilles en bois pour fixer les tenons dans leurs mortaises	0.10
Pinces en fer pour maintenir le décor contre les portants, la série complète de 8	0.20

Telle est la construction des petits modèles de théâtres de marionnettes pouvant se poser sur une table lors de la représentation, l'opérateur manœuvrant les personnages se plaçant derrière la table et dissimulant autant que possible le mouvement de ses mains.

Si maintenant nous en arrivons aux théâtres de grandes dimensions pour représentations publi-

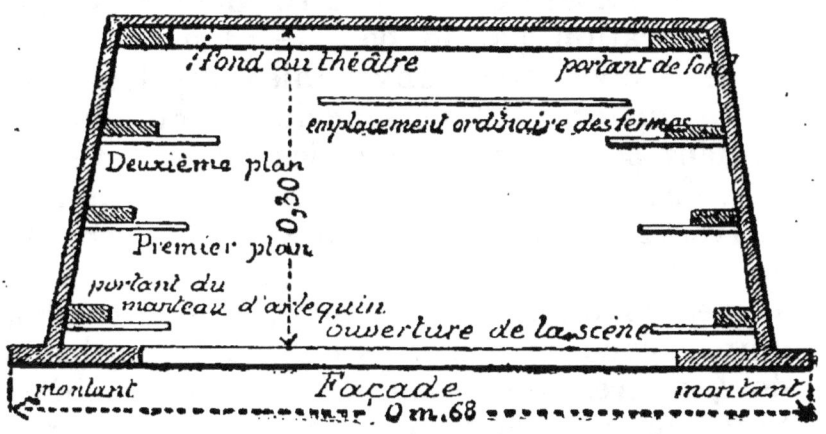

Fig. 6. — Plan d'une scène de petit théâtre.

ques, tels que ceux de Séraphin, de Holden ou de Dicksonn, nous dirons que leur agencement est aussi compliqué que celui d'un théâtre pour acteurs humains; seules les proportions sont moindres, mais il n'empêche que le prix du matériel est élevé, en raison du grand nombre d'organes qu'il comporte.

Lorsqu'il s'agit d'une installation à demeure, la scène occupe le fond de la salle et la scène présente une ouverture de 3 à 4 mètres sur 2^m5o de haut, avec une profondeur de 4 à 5 mètres divisée en quatre plans depuis le manteau d'arlequin jusqu'au fond. Les décors peints sur toile sont hissés ou descendus depuis le cintre à l'aide de fils et de poulies ; les coulisses sont fixées aux portants par des ferrures appropriées et ceux-ci au plancher à la manière ordinaire. Pour la manœuvre des acteurs, l'opérateur et ses aides sont montés sur une passerelle aménagée en travers et au-dessus de la scène. Si l'on veut faire monter des parties de décoration par le bas, le plancher doit être percé d'ouvertures convenables appelées *trappes* et *trappillons*. Il faut donc disposer d'une certaine hauteur pour la scène avec les dessous et le cintre. Si la façade mesure par exemple 4^m5o de largeur, l'ouverture de la scène aura 2^m5o de large et 1^m6o de haut. Le plancher se trouvant à 1 mètre au-dessus du sol de la salle, il faudra disposer d'un espace de 2 mètres au moins au-dessous et de 4 mètres au-dessus, soit environ 8 mètres en tout. On comprend qu'une scène de ce genre, avec tous ses accessoires, est forcément d'un prix de revient élevé et qui peut facilement atteindre de 5 à 6.000 francs, personnages compris.

Entre ce modèle et les jouets dont il a été question dans ce chapitre, on peut encore adopter une grandeur intermédiaire et faire un théâtre intermédiaire, démontable et transportable, très suffisant pour une exploitation commerciale, avec façade de 3 mètres de largeur et 4 mètres de haut, possédant une ouverture à 60 centimètres du sol ayant 1m20 de haut et 2 de large. Il reste donc un espace de 2m20 disponible pour l'opérateur qui peut ainsi se tenir debout sur sa passerelle de manœuvre.

La façade d'un théâtre de ce genre se composera de quatre pièces principales, assemblées à l'aide de tenons arrêtés en place à l'aide de chevilles. Ces pièces sont : 1° le soubassement, fermé en dessus par le plancher de la scène et dont le pour-

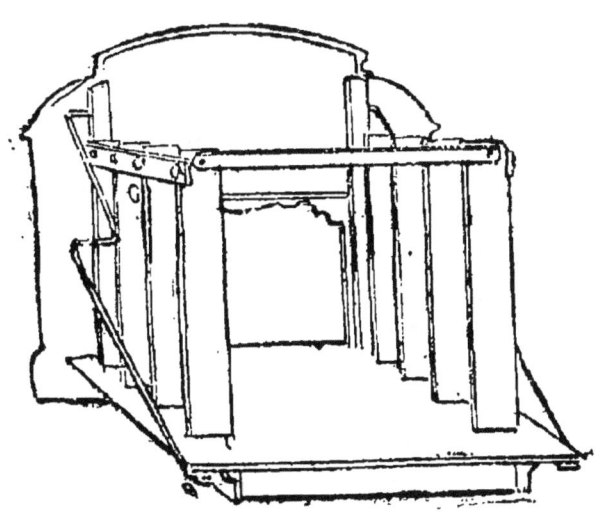

Fig. 7. — La scène d'un petit théâtre vue par le fond, la toile enlevée.

tour extérieur recevra la rampe d'éclairage; 2° les côtés formés de châssis de toile, tendue sur cadres de bois; 3° le fronton, en toile sur une carcasse de bois, ou mieux en bois sculpté, doré, ornementé de rinceaux et de guirlandes, etc. L'imagination peut se donner libre carrière pour combiner cet agencement, pour donner l'aspect le plus agréable et le plus artistique possible à cette façade, mais il est bien certain qu'une construction en châssis de toile peinte sera bien moins coûteuse et plus légère qu'une autre entièrement en panneaux de menuiserie, avec ornements en relief et sujets rapportés. Il faut s'efforcer d'allier le bon goût à l'élégance pour réaliser une façade qui plaise à la vue ; trop de dorures, de moulures, de modillons surchargent l'ensemble, lui donnent une apparence de faux luxe, et le rendent moins agréable à l'œil du spectateur, dont tous ces accessoires tendent à détourner l'attention en l'éloignant de ce qui se passe sur la scène.

Le plancher de celle-ci sera fait en planches jointoyées (voliges de 15 millimètres d'épaisseur), formant un plateau de 2^{m}50 de large et 3^{m}20 de long. Comme une semblable surface de 8 mètres carrés serait encombrante et difficile à transporter, on la divisera en quatre panneaux de 80 centimètres pouvant s'emboîter à la suite l'un de l'autre par tenons et mortaises comme les rallonges d'une table de salle à manger.

Des ouvertures seront pratiquées à 35 centimètres des bords formant les côtés de ce plancher, dans le but de recevoir les portants verticaux sur lesquels viendront s'appliquer les coulisses. Ces ouvertures seront espacées de 20 en 20 centimètres l'une derrière l'autre, il y en aura deux par panneau, soit un total de huit de chaque côté du plancher.

Pour masquer le joueur de marionnettes à la vue des spectateurs, l'espace restant vide entre le fronton de la façade et le plafond de la salle sera fermé par une toile peinte représentant une draperie ou le sommet d'une tente-pavillon.

Ainsi donc un théâtre établi d'après ces données pourra se composer de 25 pièces : 6 pour la façade (le soubassement, le fronton et les côtés étant formés chacun de deux morceaux ajustés), 4 pour le plancher, plus 4 tréteaux pour supporter ce plancher, 3 pour le manteau d'arlequin, enfin 8 portants. La manœuvre des rideaux de fond, peints sur toile, s'opèrera à l'aide d'une charpente spéciale disposée en arrière de la passerelle de l'opérateur, au fond de la scène. Ces toiles monteront ainsi et descendront tout d'une pièce, sans qu'il soit nécessaire de les rouler sur une perche comme un store. D'ailleurs il serait assez difficile de produire l'enroulement régulier sur un bâton d'une toile de plus de deux mètres de largeur. Le rideau d'avant-scène se manœuvrera de même et tous les fils de commande sont réunis ainsi que le montre la fig. 8. Ainsi peut se comprendre l'agencement général de la scène pour un théâtre de marionnettes de dimensions moyennes.

CHAPITRE III

Construction des théâtres Guignol

La forme du théâtre où l'on fait évoluer les marionnettes connues sous le nom général de « guignols » est bien connue et en quelque sorte classique. C'est un paravent assez haut pour dissimuler l'opérateur et ses aides. Il est surmonté d'une scène avec manteau d'arlequin, coulisses et décors à l'imitation des théâtres véritables. Les acteurs ne sont visibles que jusqu'à mi-corps, et leurs mouvements sont ceux que l'opérateur leur communique en remuant trois doigts de la main enfoncés, l'index dans l'intérieur de la tête de la poupée, le pouce et le majeur dans les cornets d'étoffe représentant les bras.

Ce genre de marionnette a été connu de temps immémorial en Chine; il est venu d'Italie, où il portait le nom de *pupazzo*, en France vers le seizième siècle. Laurent Mourguet, le premier, installa un théâtre de cette espèce à Lyon en 1795; en 1815, un nommé Verset lui succéda et continua les représentations, pendant que, d'autre part, les descendants de Mourguet succédaient à l'initiateur français de ce genre de spectacle. Guignol était un personnage réel, un *canut*, ou ouvrier tisserand portant ce nom, de même que son ami Gnafron, le gniaf ou savetier, et ces deux types étaient populaires à Lyon où ils vivaient à la fin du dix-huitième siècle. Ils se sont conservés jusqu'à nos jours, et le théâtre, dont ils sont les deux protagonistes, leur doit une partie de son succès.

Pour en revenir à la question de la construction des théâtres de marionnettes *à mains*, pour les distinguer des marionnettes *à fils*, nous dirons qu'elle se compose de deux parties distinctes réunies ensemble et qui sont le paravent et la scène. Suivant que le théâtre sera de dimensions plus ou moins grandes, ces pièces seront différemment composées et les matériaux employés varieront.

De même que pour les marionnettes à fils, il existe dans le commerce des théâtres guignols de toutes grandeurs avec leurs accessoires et à tous prix, depuis une dizaine jusqu'à plusieurs centaines de francs, mais l'amateur aura à la fois plaisir et profit à édifier de ses mains la scène où se dérouleront les aventures de Guignol et de ses comparses.

Prenons, pour commencer, le plus petit modèle de théâtre, pour enfants de 8 à 10 ans. Si l'on joue assis sur un petit banc, le rebord inférieur de la scène devra se trouver à 1 mètre du sol ; la façade ayant 40 centimètres de haut, la hauteur totale sera donc de 1^m40, ce qui est un minimum.

On se procurera, soit aux imageries d'Epinal, soit chez les libraires tenant ce genre d'articles, des feuilles imprimées représentant une avant-scène de théâtre et l'on collera cette feuille sur du carton de 3 à 4 millimètres d'épaisseur que l'on découpera ensuite selon le contour du dessin. On peut encore se contenter de prendre quatre planchettes de 5 millimètres d'épaisseur que l'on assemble à l'aide de pointes fines après leur avoir donné le contour voulu à la scie à découper. On peint ensuite sur cet encadrement une façade de théâtre ; des colonnes cannelées à droite et à gauche, des panneaux de marbre bien veiné sur le soubassement, des moulures et un médaillon central sur la planchette du fronton, si celui-ci est triangulaire. On peut d'ailleurs copier sur un modèle choisi, mais bien entendu il est nécessaire de savoir dessiner et peindre, alors qu'en achetant une chromo, il est inutile d'avoir ces connaissances et l'on gagne du temps.

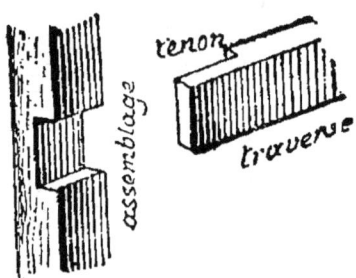

Fig. 8. — Assemblage.

De toute façon, cette façade sera clouée sur deux lattes de bois de 1ᵐ40 de haut, qui dépasseront le soubassement de 1 mètre et seront réunies par deux traverses, également en lattes et assemblées à *mi-bois* (Fig 8). Ces traverses sont clouées, l'une à 10 centimètres du soubassement, l'autre à 10 centimètres de l'extrémité inférieure des deux lattes verticales. Le vide est ensuite rempli avec des feuilles de carton mince (dessus de boîtes de nouveautés), clouées sur leurs quatre côtés aux lattes. On recouvre ensuite ce carton d'un dessin quelconque bien enluminé et encadré.

Il suffit maintenant de compléter cette façade par deux côtés pouvant se rabattre l'un sur l'autre et qui complètent le paravent à trois feuilles. Ces côtés seront constitués par deux cadres en lattes mesurant 1^m40 de hauteur et 0^m50 de largeur, consolidés par une croix de Saint-André réunissant les quatre angles deux à deux. On prend ensuite de la toile d'emballage que l'on tend du haut en bas de manière à recouvrir tout le cadre en la clouant avec des semences de tapissier sur les lattes après les avoir entourées. On badigeonne la toile avec de la colle de pâte assez liquide et on colle dessus de vieux journaux. Lorsque ceux-ci sont secs, on les enduit à leur tour de colle et on les recouvre à leur tour de papier de tenture (papier peint à 0 fr. 60 le rouleau) représentant de longues bandes. On termine en collant de la *bordure* (également en papier peint), de manière à faire un bel encadrement au panneau.

Pour réunir ces deux feuilles à la façade, le moyen le plus simple est de clouer aux deux montants verticaux des bandes de cuir mince (basane), mesurant 5 centimètres de long et 2 de large, que l'on cloue ensuite aux traverses des panneaux formant les côtés. Ces bandes de cuir jouent le rôle de charnières et permettent, soit de développer cette espèce de paravent, soit de le replier en superposant les deux côtés l'un par-dessus l'autre derrière la façade, de manière à occuper le moindre espace possible.

Une bonne précaution pour assurer l'ouverture exacte des paravents consiste à munir l'un des côtés d'une petite tringle tournant autour d'un clou comme pivot et terminée à son autre bout

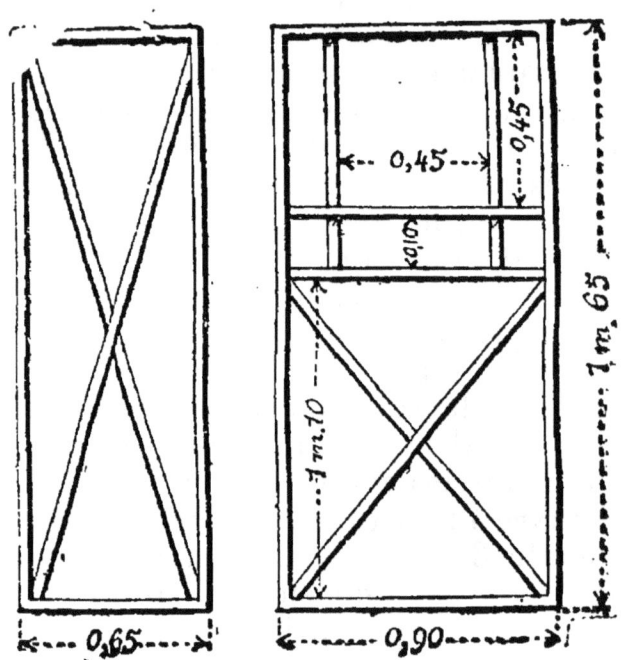

Fig. 9 et 10. — Charpente de la façade d'un théâtre de guignol et d'un des côtés.

par un double crochet s'engageant sur un clou planté perpendiculairement dans le montant de l'autre châssis (Fig. 11 et 12). La tringle doit avoir une longueur égalant la largeur de la façade. Lorsqu'elle est en place elle assure la liaison entre les deux panneaux constituant les côtés du théâtre et les empêche de s'écarter ou de se rapprocher intempestivement, ce qui pourrait amener la dislocation et la chute des décors suspendus entre eux.

Mais ce modèle de 1^m40 de hauteur est vraiment un peu petit et à peine suffisant pour un enfant de 10 ans. Il est donc préférable de prendre un

Fig. 11 et 12. — Tringles à crochet simple ou double pour maintenir en place les côtés du paravent.

modèle plus grand, mesurant 1^m80 de hauteur totale sur 0^m85 de large, et d'adopter pour le matériel la série de décors imprimés sous le nom de *Nouveau Théâtre* par l'imagerie Pellerin, d'Epinal. Toutefois, comme la façade de cette série manque un peu de largeur on pourra la remplacer par celle du théâtre de marionnettes de Méricant.

Pour ce théâtre Guignol de salon, on préparera d'abord les trois pièces du paravent en s'y prenant de la manière que voici, que nous avons déjà indiquée dans notre brochure *Construction du théâtre Guignol*[1].

Préparez vous-même ou faites assembler par un menuisier, si vous êtes tout à fait inhabile à exécuter ce travail cependant fort simple, trois cadres en lattes ou en moulures, mesurant l'un 0^m85, les deux autres 0^m65 de large sur une hau-

---

1. Construction du théâtre Guignol et ses accessoires. A. Lesot, éditeur.

teur uniforme de 1^{m}65. Pour consolider ces cadres, on leur ajoute des traverses et des croix de Saint-André allant d'un angle à l'autre, suivant les indications des figures ci-dessous. Le premier de ces cadres, celui correspondant à la façade, est muni de trois traverses assemblées à tenon et mortaise, ou mieux et plus simplement à mi-bois, ainsi qu'il a été indiqué plus haut. Les deux autres cadres sont destinés à former les côtés du théâtre, lequel n'a pas besoin d'avoir un fond.

La façade imprimée, collée sur un carton ou sur des planchettes assemblées (le carton est préférable), on l'applique sur les deux côtés les plus longs du cadre le plus large à la hauteur voulue, c'est-à-dire de telle manière que le bord inférieur de la feuille de carton se trouve à 1^{m}10 au-dessus du sol. Celle-ci est clouée aux montants et aux traverses à l'aide de pointes fines de 7 ou 8 millimètres de longueur. Pour fermer le vide au-dessous du dessin de la façade, on a le choix entre divers moyens. Le plus simple consiste à tendre du coutil rayé depuis le soubassement de la scène jusqu'à la traverse du bas. Cette étoffe, que l'on prend de la largeur du cadre, soit 80 centimètres, est clouée sur les traverses et les montants avec des semences de tapissier, puis le tour est recouvert d'une bordure également clouée et faite d'un galon, d'un gisèle ou autre passementerie.

Au lieu de coutil, on peut tendre de la toile d'emballage d'une traverse à l'autre de manière à combler le vide. Cette toile bien maintenue on la badigeonne de colle de pâte claire et on la recouvre de journaux puis, lorsque cette première épaisseur est sèche, de papier peint de belle qualité que l'on entoure d'une bordure. On agit de même pour les deux panneaux devant constituer les côtés. Pour donner plus de solidité, on peut doubler l'intérieur du paravent avec des feuilles de papier goudron ou de papier gris collées sur la toile d'emballage.

On peut encore employer, au lieu de toile et de papier, des feuilles de carton de 2 millimètres d'épaisseur, clouées avec des semences sur les montants et traverses, ou des planchettes minces sur lesquelles on cloue des moulures ou des motifs en relief, moulures et motifs que l'on peint avec des couleurs laquées et que l'on rehausse de dorures, celles-ci appliquées au pinceau. On donne ainsi un caractère artistique et un aspect plus élégant à la façade du théâtre.

Une addition qu'il ne faut pas oublier est la planche jouant le rôle de proscenium ou avant-scène : elle est indispensable pour recevoir pendant la représentation les accessoires de toute espèce employés par les acteurs. La meilleure manière de fixer cette planche consiste à préparer deux petites consoles en bois plein mesurant 8 centimètres de côté et que l'on cloue au soubassement et aux traverses, en enfonçant les pointes de l'intérieur de la façade. C'est sur la tranche supérieure de ces consoles que vient ensuite s'appliquer la planchette sur lesquelles on la cloue pour la maintenir d'une façon inébranlable.

Les panneaux des côtés sont assemblés avec celui de la face au moyen de petites bandelettes de cuir mince ou d'étoffe clouées de part et d'autre. On peut également employer des charnières métalliques. Les trois panneaux sont maintenus en arrière à leur écartement normal par une tringle à deux crochets, comme dans le petit modèle, ou par une latte de bois dont les deux extrémités sont pourvues de deux petits tasseaux perpendiculaires entre lesquels s'emboîte le haut des côtés pour les tenir à leur distance. On retire cette barre quand on veut rabattre les panneaux l'un sur l'autre et démonter le théâtre (Fig. 11 et 12).

Cette grandeur de modèle, déterminée par les

Fig. 13. — Façade d'un théâtre (Edition A. Méricant).

dimensions des décors imprimés se trouvant dans le commerce, est suffisante pour un théâtre de salon et présente l'avantage d'un prix de revient minime, ainsi qu'il ressort de l'évaluation suivante :

25 mètres de lattes de 3 centimètres de largeur...	1.75
Façade de « Mon Théâtre » sur carton découpé...	2.50
Toile d'emballage et papier peint................	1.50
Moulures en bois, planche et consoles, peinture...	2.35
Charnières, barre d'assemblage, pointes, colle...	1.40
Total..............	9.50

On pourra compléter l'ornementation de l'avant-scène en ajoutant des faisceaux de petits drapeaux, des guirlandes de fleurs en papier, des passementeries de soie, etc., de manière à donner l'aspect le plus agréable au théâtre.

Il est bon de prévoir l'agencement des décors à l'intérieur, et pour cela le procédé le plus simple est d'agencer à la hauteur convenable dans chaque panneau de côté un râtelier ou une crémaillère destinés à retenir dans le creux de leurs dents les deux bouts de la tringle ou de la traverse de bois sur laquelle on fixe le haut de chaque rideau de fond. Ces rideaux ayant une largeur de 60 centimètres, les râteliers devront être écartés de 8 centimètres du panneau auquel ils se trouveront rattachés par des tasseaux de cette longueur, solidement cloués aux montants du châssis.

Dans les théâtres Guignol il n'existe pas de plancher puisqu'inversement aux théâtres de marionnettes on manœuvre les personnages par en dessous. Par suite, toute la décoration doit être fixée par le haut ou les côtés. Les coulisses et les fermes ne peuvent être maintenues que de cette façon et c'est pourquoi, après expérience, nous avons adopté le système suivant qui présente l'avantage de rendre le montage et le démontage très rapides.

Les décors dont nous venons de parler ne comportent que deux plans de coulisses ; pour maintenir celles-ci à leur place sans qu'elles puissent ballotter, on fabrique deux réglettes en

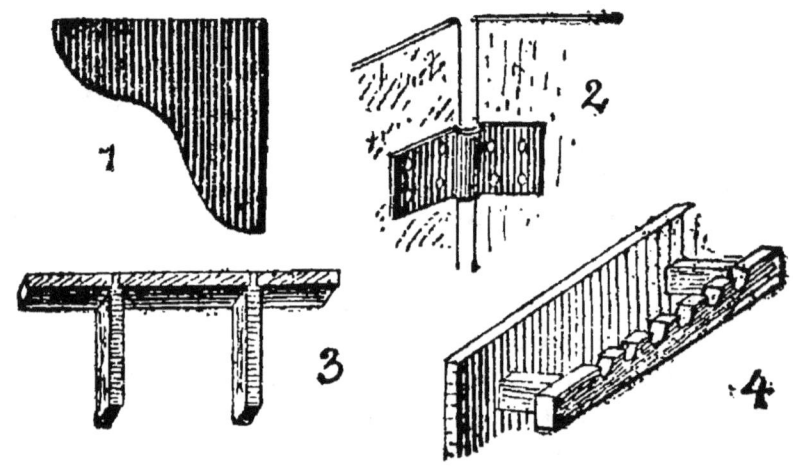

Fig. 14 à 17. — 1. Console de support de la planchette d'avant-scène ; 2. Charnière d'assemblage des côtés ; 3. Pince pour maintenir les coulisses ; 4. Râtelier de support des décors.

bois de 30 centimètres de long et 3 de large, sur lesquelles on fixe, d'abord avec des pointes, puis avec de la colle-forte, deux autres morceaux disposés parallèlement à 15 centimètres l'un de l'autre, perpendiculairement à la réglette. Ces deux accessoires se fixent à chaque panneau avant la représentation, à l'aide de pinces en bois à ressort (épingles à linge à 0 fr. 40 la douzaine); ils se trouvent donc en regard l'un de l'autre, à une hauteur telle au-dessous de l'ouverture de la scène qu'ils ne soient pas visibles du public. Les coulisses s'appliquent contre les ergots et sont maintenues en place par des pinces assurant la solidité de l'assemblage. Le haut de la coulisse est maintenu par le même système d'attache, mais les réglettes à ergots sont remplacées par une simple baguette plate placée en travers du théâtre et reposant par ses deux extrémités sur les râteliers qui occupent toute la profondeur de la scène (Fig. 14 à 17).

Il est à remarquer que la présence de ces râteliers écartés de la surface interne des côtés empêche le reploiement des trois pièces du paravent l'une sur l'autre. Pour démonter le théâtre, il faut pouvoir détacher les deux côtés de la façade, et c'est pourquoi il est préférable de faire usage, pour réunir ces trois pièces l'une à l'autre, de pentures, ou, comme les châssis sont très légers, de crochets mobiles attachés en haut et en bas des côtés et venant s'engager dans des pitons vissés dans les montants de la façade du côté interne.

Le rideau d'avant-scène fermant l'ouverture de la façade du théâtre est collé sur un morceau de calicot blanc. On l'alourdit à la base en introduisant dans un ourlet formé dans le bas une tringle à rideau en laiton, puis on le cloue sur un morceau de bois cylindrique, tel qu'un manche à balai de longueur convenable. On enfonce ensuite bien dans l'axe de ce rouleau bois, et à chaque bout, un fort clou.

Perpendiculairement à l'axe du rouleau on

enfonce, en *e*, une grosse semence ayant pour but de maintenir en place un cordon de tirage de 1ᵐ20 de longueur, le clou traversant le cordon, lequel est appliqué sur le rouleau au milieu de sa longueur, de façon à former deux brins de 60 centimètres. Chacun de ces brins fait plusieurs tours en sens inverse autour du bâton et se termine par un anneau : on voit immédiatement qu'en tirant sur un brin on fait tourner le rouleau

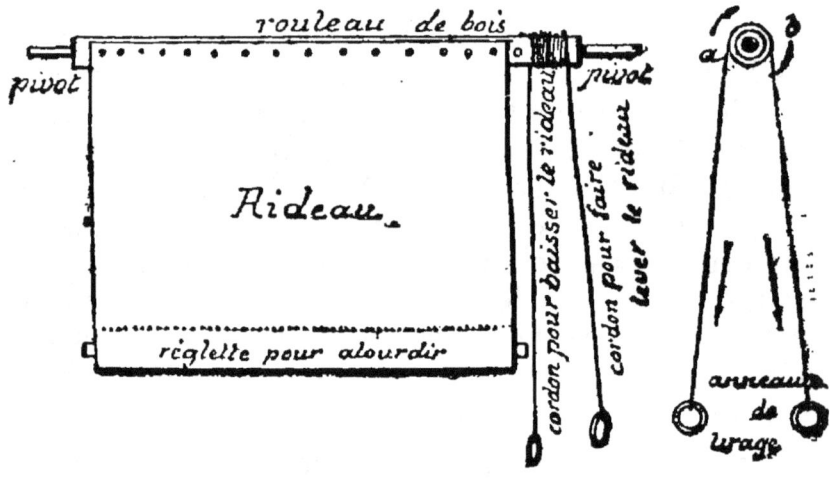

Fig. 18. — Rideau d'avant-scène. — (19). Vue de côté.

dans un sens, alors qu'il tourne en sens inverse quand on tire sur l'autre brin. Le rideau cloué sur ce bâton peut donc monter ou descendre suivant que l'on agit sur une ficelle ou sur l'autre.

Les clous jouant le rôle de tourillons tournent

à l'intérieur de deux dés fixés à la hauteur voulue de chaque côté de l'ouverture de la façade. Ces dés ou taquets en bois sont collés à la colle-forte ou cloués aux montants ; le deuxième tourillon doit n'être mis définitivement en place dans le rouleau qu'au moment de la pose du rideau.

Le type de théâtre qui vient d'être décrit est suffisant comme guignol de salon, et on peut le compléter par une décoration variée dont le prix n'a rien d'exorbitant, mais pour des représentations publiques, il est encore trop petit et nous terminerons ce chapitre par la description d'un modèle de grandes dimensions répondant à ce programme, mais nécessitant alors des décors peints entièrement à la main et des personnages spécialement fabriqués pour cette grandeur de théâtre qui, comme le précédent, est démontable.

La charpente intérieure de ce théâtre comporte quatre montants verticaux de 3 mètres de haut et de 8 centimètres d'équarrissage. Les deux montants ou poteaux devant constituer la face avant sont percés d'ouvertures rectangulaires au nombre de trois sur un côté et trois sur l'autre, ouvertures destinées à livrer passage aux extrémités amenuisées des traverses.

Ces tenons traversent les mortaises sans éprouver de serrage ; ils dépassent de l'autre côté du poteau et sont arrêtés en place par des clavettes ou chevilles coniques enfoncées dans un trou pratiqué dans le tenon. Les montants correspondant à l'arrière ne portent que trois mortaises réparties toutes les trois sur la même face du poteau (Fig. 22).

Les traverses d'assemblage sont au nombre de 9, trois de 2^m20 pour la façade et six de 1^m50

pour les côtés. Le montage de cette charpente, qui comprend au total 13 pièces, est très simple. On prend d'abord le poteau cornier de gauche que l'on pose par terre et on lui adjoint les trois traverses de 2m20, que l'on fixe en place à l'aide des chevilles ou clavettes en bois. On assemble ensuite le poteau cornier de droite de la même façon et la carcasse de la façade est terminée. On prend

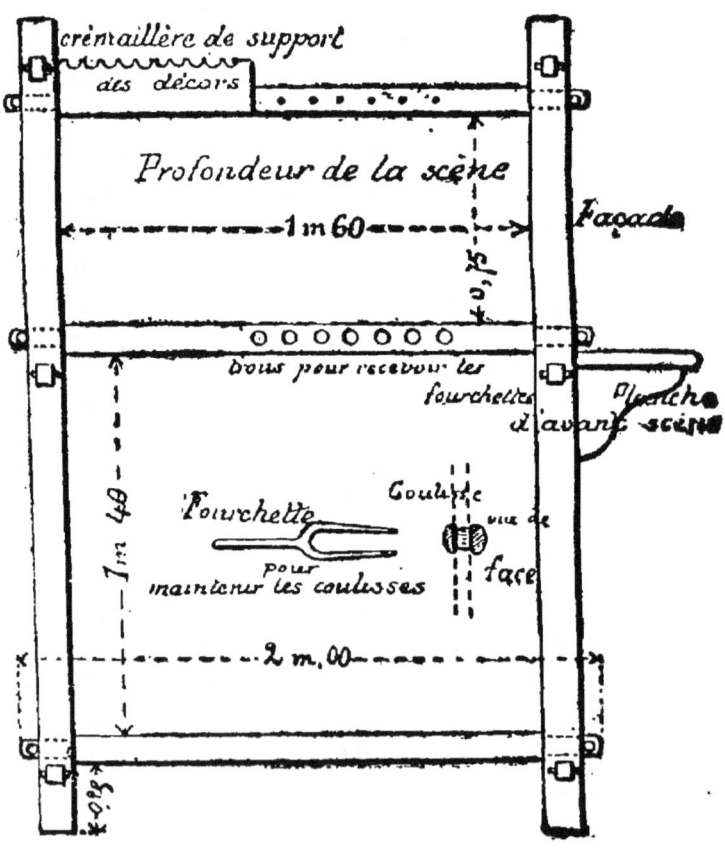

Fig. 20. — Charpente d'un grand théâtre de guignol vue d'un côté.

alors chaque poteau d'arrière et on ajuste les trois traverses qu'ils comportent, enfin on dresse les poteaux et on achève le montage en réunissant ces traverses aux deux montants de la façade. Toutes ces opérations ne demandent pas plus d'une demi-heure pour être terminées.

Dans ce théâtre, la façade, il n'est pas besoin de le dire, doit être construite spécialement par un menuisier ; elle se compose de 7 pièces principales

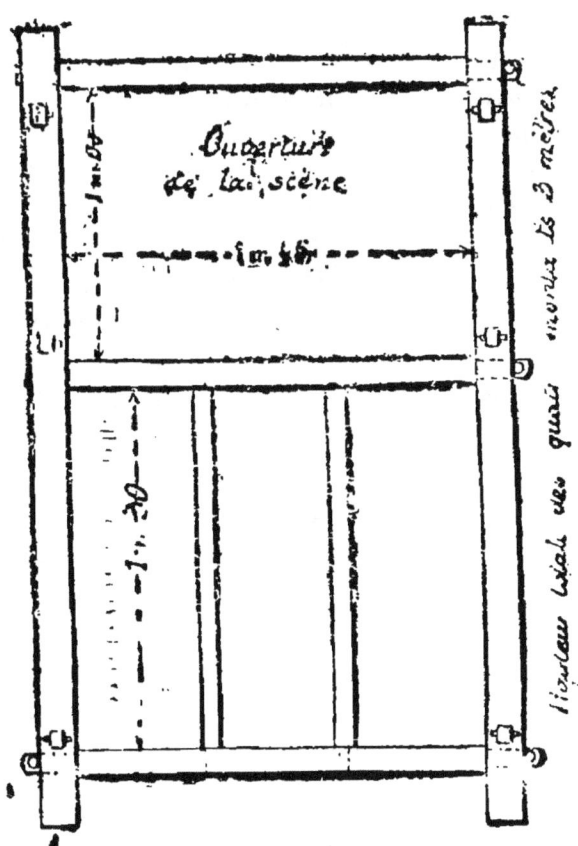

Fig. 21. — Charpente de façade.

qui sont : le soubassement (en deux pièces), le fronton (deux pièces), les deux côtés de l'avant-scène et le proscenium avec la rampe.

Les deux panneaux composant le soubassement mesurent 1^m30 de large sur 1^m60 de haut ; ils sont reliés l'un à l'autre suivant l'axe de la façade par des tenons pénétrant dans des mortaises ou par des verrous ou des crochets. Ils sont reliés d'autre part à la charpente par des boulons à clavettes comme les volets de fermeture des boutiques. Le même procédé d'assemblage est employé pour les panneaux formant l'encadrement de la scène et qui sont pourvus, en haut et en bas, de tenons s'engageant dans des mortaises correspondantes. Le fronton, pour lequel on peut adopter un style d'architecture en rapport avec le reste de la façade, est posé au-dessus des panneaux de côté et ses deux parties assemblées par le milieu. Le plancher d'avant, ou proscenium, affecte une forme cintrée, depuis le milieu, qui avance de 55 centimètres, jusqu'aux deux extrémités qui ne dépassent plus la façade que de 20 centimètres. Cette planche est supportée par trois consoles; sa longueur sera exactement celle de l'ouverture de la scène, soit 1^m80.

Le manteau d'arlequin est agencé de telle manière que les trois pièces le composant soient solidement reliées à la façade et à la charpente.

Le meilleur moyen de maintenir les coulisses en place consiste à faire ces parties de décoration, qui ont 1^m25 de haut, de la même façon que dans les grands théâtres, c'est-à-dire avec des châssis en bois sur lesquels on cloue de la toile. Ces châssis sont munis en haut d'une ferrure plate recourbée en crochet, de manière à permettre l'accrochage de la coulisse à des tringles en bois ou en fer disposées en travers de la scène et reposant sur les traverses des côtés. Pour éviter tout ballottement en bas, les traverses médianes des côtés sont percées de nombreux trous dans lesquels on engage des tiges formant fourche entre les dents desquelles le châssis se trouve serré. La mise en place et l'en-

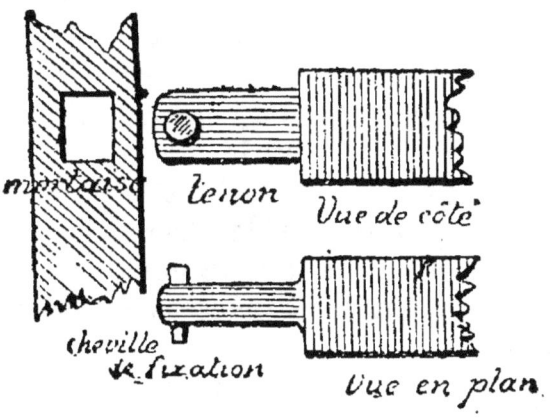

Fig. 22. — Agencement des traverses de la charpente.

lèvement des coulisses peuvent, grâce à cet agencement, s'exécuter en un clin d'œil, ce qui permet de réaliser des changements à vue instantanés.

Le rideau d'avant-scène, s'il est fait d'une toile peinte, est alourdi en bas par un rouleau de bois ; il est cloué en haut sur un autre rouleau de diamètre un peu plus grand sur lequel on l'emmagasine en tirant sur un cordon. Ce rideau doit mesurer 2 mètres de largeur sur 1^{m}30 de haut ; telle est également la grandeur des toiles de fond sur lesquelles les décors sont peints. Au lieu de peindre en trompe-l'œil les plis d'une étoffe sur la toile, on peut encore faire usage d'étoffe véritable, de peluche doublée par exemple, et dont les plis sont harmonieusement arrangés. Dans ce cas, le rideau ne doit pas s'enrouler sur un bâton, mais s'ouvrir en deux parties, l'une à droite, l'autre à gauche, et qui disparaissent derrière la façade du théâtre pendant la représentation, effet qui s'obtient par deux cordons de tirage passant dans des anneaux convenablement disposés, et sur lesquels on tire.

Tous les décors de ce théâtre sont roulés sur une perche de bois bien droite servant d'axe et munie à l'une de ses extrémités d'une poulie de 5 centimètres de diamètre munie de joues plates. Un cordon de tirage est adapté à cette poulie et permet de rouler ou de dérouler le décor. Les extrémités des axes reposent dans le vide des dents de crémaillères en bois ou en fer fixées aux traverses supérieures de côté.

Pour dissimuler au public la vue de l'intérieur du théâtre, il est nécessaire d'adjoindre à la façade deux côtés masquant la charpente, l'un de ces côtés étant muni d'une porte permettant de pénétrer dans le guignol. Ces côtés, qui pourront, selon les dispositions et la grandeur de la salle de spectacle, être déployés dans le prolongement de la façade à droite et à gauche, ou rabattus perpendiculairement à celle-ci, seront faits de deux montants de 3 mètres de haut, associés ensemble par trois traverses, avec tenons à cheville, montants semblables à ceux de la charpente. Ces cadres, dont la largeur est de 1^{m}80, seront reliés à la façade par trois pentures ou trois crochets et recouverts de coutil tendu sur les montants et les traverses à l'aide de boutons à pression ou de ferrures semblables à celles employées pour rattacher ensemble les côtés d'une capote de voiture en toile imperméable. La porte d'entrée mesurera 60 centimètres de large sur 1^{m}20 de haut; on se baissera pour entrer et passer sous la traverse médiane du côté de la charpente. On fera cette porte avec un cadre de la grandeur sus-indiquée sur lequel sera cloué le fragment de coutil découpé dans le panneau pour l'emplacement de la porte, et le cadre sera articulé sur le montant d'avant de ce panneau par deux pentures. De cette façon, en ouvrant la porte, le public ne pourra rien voir de l'intérieur du théâtre.

L'opérateur manœuvrant les personnages, et ses aides s'il en a, seront assis sur un banc de 55 centimètres de haut placé au milieu et en travers du théâtre. Le machiniste chargé de la manœuvre des décors pourra faire le tour de la charpente à l'extérieur afin de décrocher les coulisses; il aura un marchepied pliant où une échelle double de 2 mètres de haut à sa disposition, de manière à atteindre les traverses supérieures et mettre les toiles de fond en place. Toutes les ficelles de tirage seront arrêtées sur des taquets en bois ou en métal fixés à la traverse médiane de droite.

Voici maintenant l'évaluation du prix de ce théâtre :

8 poteaux de 3^{m}20 de haut, 25 mètres à 0 fr. 40..	10 fr.
15 traverses, formant ensemble 27 mètres à 0 fr. 30	7.10
Assemblages de charpente, 30 tenons............	16. »
Coutil pour les côtés, 6 mètres à 4 fr. 25.......	25.50
Porte d'accès, pentures, chevilles, etc...........	8.30
Façade. Bois et travail de menuiserie, rampe comprise.......................	150. »
Crémaillères de support, 10 fourches à coulisses.	13.40
Tringles d'attache, banc, échelle double........	30.70
Rideau d'avant-scène avec ses supports, pivots, etc.	26. »
Total.........	287 fr.

On peut donc estimer au total à 300 francs en chiffres ronds la dépense de la charpente d'un théâtre guignol occupant une largeur de 2m30 sur 1m80 de profondeur, soit une surface de 4 mètres carrés sur 3m20 de hauteur. La scène proprement dite mesure 1m80 d'ouverture sur 1m60 de profondeur et 1m20 de haut. Cinq ou six personnes peuvent se mouvoir sans peine dans un semblable espace et les spectateurs, même debout, ne peuvent apercevoir les opérateurs, à la condition que ceux-ci demeurent assis sur leur banc.

Il faut ajouter maintenant aux dépenses qui viennent d'être détaillées celles afférentes à la décoration et aux personnages devant évoluer sur ces théâtres, dépenses qui varient selon les dimensions données à la scène ; nous allons maintenant passer à ces parties essentielles du matériel.

CHAPITRE IV

Les décors pour théâtres de marionnettes et de guignol

Les décors sont le complément obligatoire des théâtres dont la construction a été décrite dans les chapitres précédents ; il faut donc adopter la série se rapportant à la grandeur de la façade.

S'il s'agit de la plus petite dimension de théâtre de marionnettes ($0^m 45$ de côté), on se procurera des décors imprimés aux Imageries d'Epinal et mesurant $0^m 35$ de large sur $0^m 20$ de haut. Les sujets représentés par ces feuilles dessinées et qu'il est utile de posséder, car ces décors sont ceux dont il est fait le plus fréquent usage, portent les titres que voici :

Place publique	Ferme et moulin	Intérieur de café
Forêt	Prison	Salon
Intérieur de Palais	Chambre rustique	Campagne

Ces décors comportent deux plans de coulisses et la feuille en impression simple coûte 5 centimes et 10 centimes impression en doré. Pour les utiliser, il faut contrecoller ces feuilles imprimées sur du carton mince, à peine plus épais que ce que l'on nomme *carte ;* on découpe ensuite le fond, puis les coulisses, ces dernières en suivant le contour du dessin. Les coulisses en carton seront alors collées à la colle-forte sur des réglettes plates dépassant la base du carton de 1 centimètre : cette dent est destinée à pénétrer dans les entailles ou *costières* pratiquées dans le plancher de la scène (voy. chap. II) et à maintenir la coulisse verticale. Le décor du fond, collé sur une feuille de même carton, se glisse comme un tiroir entre des bandelettes en saillie qui le retiennent. On peut placer ainsi trois ou quatre décors l'un derrière l'autre ; en enlevant par le haut celui vu par les spectateurs, on opère un changement à vue instantané.

Dix décors (dont le rideau d'avant-scène), imprimés en doré, ne reviennent pas à plus de 1 fr. 50 avec le carton, à la condition de les coller et les découper soi-même et les mettre en œuvre ainsi que l'on a fait pour tout le reste du matériel.

Pour le théâtre de marionnettes édité par M. Méricant et dont nous avons décrit l'agencement, on trouvera une série complète de décors imprimés en couleurs dans la collection du journal « *Mon théâtre* » laquelle comporte 24 numéros et est vendue 12 francs. Parmi ces décors, les plus intéressants sont *la place publique, la prison, le salon, la gare, le décor alpestre, les jardins du château, le pont du navire, le décor polaire*, etc. Ces décors comportent de nombreuses fermes qui se posent sur le plancher de la scène, maintenues par un tasseau oblique. Tous les décors de cette collection doivent être contre-collés sur carton mince, de même que les coulisses, et ces dernières sont soutenues à la place qu'elles doivent occuper par des portants fixes, ainsi qu'il a été expliqué chap. II.

Si nous en arrivons maintenant au plus grand modèle décrit de théâtre de marionnettes, reproduisant en petit toutes les dispositions d'une scène véritable, et qui présente 3m80 de largeur entre les draperies du manteau d'arlequin, 4 mètres de profondeur et 8 mètres de hauteur totale, dont 2 entre le plancher et les frises, nous dirons que la partie décoration de ce modèle est forcément coûteuse, tous les rideaux de fond, mesurant plus de 8 mètres carrés, devant être brossés spécialement par des peintres décorateurs habitués à l'optique spéciale de la scène et familiarisés avec ce genre de travail. On peut évaluer à 120 francs au minimum le prix des châssis pour un décor complet. On se rend compte de la somme élevée que peut atteindre le prix du matériel d'un théâtre miniature de ce genre, pour représenter par exemple une féerie en 24 tableaux, et il n'est pas exagéré de prévoir, pour la construction et l'agencement de la scène et 24 décors complets (sans compter le matériel d'éclairage), une dépense de 6.000 francs, chiffre qui doit encore être doublé pour le reste du matériel : fabrication des personnages, accessoires, etc.

Un théâtre de marionnettes *à mains* est d'un prix de revient beaucoup moins onéreux, ainsi qu'on le verra dans ce chapitre.

Pour le tout petit modèle décrit chap. III, on prendra comme décors, soit ceux du *Petit théâtre*, des Imageries d'Epinal, soit ceux de la collection de *Mon Théâtre*, que l'on collera sur une feuille de carton de moyenne épaisseur. Sur la face postérieure du carton et tout en haut, sera clouée une baguette plate dépassant le carton de 5 centimètres. Cette baguette s'appuiera par ses deux extrémités sur les côtés du paravent. Trois ou quatre décors seront suffisants ; ils pourront être complétés, si on le désire, et bien que cette adjonction ne soit pas indispensable, par une coulisse qui sera faite de trois morceaux : la coulisse de droite, la coulisse de gauche et une frise, réunis par un collage à la colle forte, les feuilles imprimées étant collées sur carton comme le décor de fond, et découpées ensuite selon le contour du dessin. La frise est également pourvue d'une baguette clouée par derrière de manière à reposer sur les côtés du théâtre, mais le bas de ces coulisses n'étant pas maintenu, elles peuvent ballotter en tous sens, aussi, pour éviter les complications des attaches, est-il préférable de supprimer purement et simplement cette coulisse dans ce petit modèle.

Il n'en est pas de même pour le guignol de salon, de $1^m 70$ de haut et $0^m 90$ de large, dont le mode de construction a été expliqué en détail, et que, pour notre part, nous avons adopté, car son matériel complet est d'un prix relativement peu élevé. La décoration pour ce modèle sera choisie dans la série du *Grand Théâtre Nouveau*, de Pellerin d'Epinal, qui comprend 25 sujets imprimés en couleurs, en doré ou non doré, sur feuilles de $0^m 60$ large $\times$ $0^m 40$ haut.

Chacun de ces décors comprend deux feuilles, l'une pour le fond, l'autre pour les coulisses, au nombre de deux de chaque côté. Voici la liste des sujets représentés :

Rideau d'avant-scène.
Salle à manger.
Chambre rustique.
Cuisine rustique.

Cour de caserne.
Intérieur de café.
Magasin.
Décor chinois.

Salon moderne.
Forêt.
Intérieur d'un palais.
Intérieur de prison.
Souterrain.
Place publique.
Intérieur de gare de chemin de fer.
Jardin d'hiver (serre).
Hivernage arctique.
Salle de manoir gothique.
Extérieur de château-fort.
Parc et jardin.
Les Pyramides d'Egypte.
Casino et plage.
Campagne et **moulin à vent**.
Précipice et pont.
Marine (naufrage et port.
Décor de féerie.

Ces 25 sujets sont suffisants pour jouer un très grand nombre de pièces ; à 40 centimes par décor imprimé en doré avec ses coulisses, la dépense atteint 10 francs de ce chef, et il faut y ajouter celle du carton pour coller les coulisses, du calicot pour les rideaux de fond, et des baguettes de consolidation et de suspension de ces derniers, soit 8 francs.

Le travail de montage de ces décors est assez long ; et il doit s'opérer ainsi que cela va être indiqué :

Pour les fonds, on se procurera du calicot, shirting ou madapolam en 80 centimètres de large, à 0 fr. 65 le mètre. Les feuilles de papier seront rognées avec des ciseaux, afin de supprimer les marges blanches et indications imprimées, puis le dos de l'impression sera badigeonné de colle de pâte et le papier appliqué sur le calicot ; on lisse avec la main pour faciliter le collage. Les feuilles mesurant 0^m40 de côté, on peut en placer deux dans la largeur du tissu ; il n'y a aucune perte et quatre décors ne prennent que 1^m20 de longueur, soit 7^m60 de calicot pour les 25 rideaux de fond et le rideau d'avant-scène.

Ce travail effectué, on passe à la confection des coulisses, que l'on colle d'abord sur des feuilles de carton de 2 millimètres d'épaisseur en perdant le moins de place possible lorsqu'on les juxtapose. On laisse sécher, puis on procède au découpage des dessins, en suivant très exactement avec les ciseaux tout le contour du sujet représenté. Le travail est facilité lorsqu'on emploie du carton de moyenne épaisseur, tel que celui employé dans la fabrication des boîtes pour objets de nouveauté. Avec du carton plus épais, le découpage devra s'opérer avec un tranchet, ou mieux une *pointe* d'encadreur solidement emmanchée; on obtient davantage de rigidité et le décor se tient mieux, mais l'opération est longue et fatigante.

Si l'on veut obtenir des effets de lumière particuliers, par exemple en éclairant le décor de face puis par transparence, il faut ensuite se livrer à un travail particulier sur les rideaux de fond et coulisses. Voici quelques indications, d'après notre expérience personnelle sur ce sujet :

Décor de la salle à manger. — On découpe le panneau de la fenêtre et on remplit le vide pratiqué par une feuille de papier végétal ou papier mousseline. Le panneau, dont on ne conserve que les quatre côtés, est collé sur un carton pour le consolider, et le vide est comblé par une feuille de papier transparent sur laquelle on dessine des losanges représentant des vitraux (on peut les peindre à l'aquarelle, l'effet est meilleur). Ce panneau est ensuite remis en place et relié au décor par deux petits rubans collés à la colle forte et tenant lieu de charnières.

Si l'on vient à placer une lampe en arrière du décor ainsi truqué en laissant le reste de la scène en avant dans l'ombre, on aura l'illusion d'un rayon de soleil (ou de lune en colorant la lumière en bleu par un verre de cette couleur interposé devant la lampe) passant à travers les vitraux de la fenêtre. En interposant un verre rouge, ou en collant un papier transparent rouge dans le vide du décor, on peut simuler la clarté sinistre d'un incendie. L'illusion est complète si, en même temps, l'opérateur envoie la fumée de sa cigarette ou de sa pipe dans l'intérieur, car cette fumée se colore en rouge par la lumière.

Chambre rustique. — Découper la porte, la coller sur carton et la rattacher au décor par deux rubans. Pour permettre au guignol de passer par cette porte qui est ainsi battante, on fait un encadrement en carton à cette porte et on le colle derrière le décor. Il ne faut, bien entendu, que trois côtés, le bas devant être libre pour donner passage aux acteurs.

Cuisine rustique. — On découpe l'emplacement des flammes sous la marmite accrochée dans la cheminée et on bouche le vide par un morceau de papier transparent, collé à l'envers du décor, et peint en rouge plus ou moins vif. En plaçant une lampe en cet endroit, on donne l'illusion d'un feu allumé à l'intérieur de la cheminée.

Forêt. — Pour produire un effet de nuit on découpe, dans le haut de la toile de fond, une échancrure en forme de croissant, et représentant la lune à son premier quartier. Cette échancrure est obturée par deux épaisseurs de papier mousseline ; en plaçant une lampe derrière la toile et laissant la scène sans lumière, on obtient l'effet cherché.

Souterrain. — La toile de fond représentant un entassement de rochers avec une grosse porte, on découpe cette porte, on la colle sur un carton et on la relie au décor par deux rubans collés à la colle forte. Les frises sont découpées en stalactites inégales, que l'on peint dans le même ton que le reste du décor et que l'on réunit aux deux plans de coulisses.

Place publique. — On découpe patiemment avec de petits ciseaux la place des fenêtres dans la toile de fond et toutes ces ouvertures sont ensuite fermées avec des fragments de papiers transparents de différentes teintes ou incolores, et on procédera de même pour les fenêtres des deux plans de coulisses. En supprimant l'éclairage de la scène et éclairant le décor par transparence, toutes les fenêtres semblent illuminées et l'aspect est très curieux.

Intérieur d'une gare. — Ce décor doit être complété par un troisième plan, disposé entre les coulisses n° 2 et le rideau de fond, et représentant le mur du fond du bâtiment, avec grands vitrages permettant d'apercevoir le décor représentant le fond de la gare. Le mieux est de faire cette construction en bois et en carton : un cadre en réglettes de bois blanc sur lesquelles on fixe à l'envers d'autres réglettes plus petites, disposées en croix représentant les montants et traverses des vitrages, encadrements de portes, etc. Au milieu, un panneau de carton représentera un coffre-fort, une bascule ou autre objet en usage dans les gares.

Hivernage arctique. — Le dessous du trépied soutenant la marmite sera découpé et muni d'un transparent, comme dans la *cuisine rustique*.

Le fond du décor sera enlevé suivant le contour des montagnes de glace et remplacé par une première feuille de transparent rose collée à l'envers ; on découpe ensuite en arc de cercle de grand diamètre quatre morceaux de couleur de plus en plus foncée, formant de nombreuses pointes aiguës et que l'on superpose par-dessus le premier transparent. On repasse ensuite le décor avec un fer modérément chaud pour bien aplanir la surface. En éclairant ensuite par transparence, le devant de la scène restant sombre, on obtient l'effet d'une aurore boréale illuminant le ciel.

Décor chinois. — On découpe dans le fond une échancrure en croissant pour représenter la lune ; toutes les fenêtres et les lanternes dessinées sur les coulisses sont évidées et pourvues de transparents de différentes couleurs ou peints à l'aquarelle pour représenter des vitraux ou les côtés des ballons ou lanternes vénitiennes. Tous ces transparents étant pourvus de lampes disposées en arrière, on réalise une illumination très pittoresque que l'on peut compléter en suspendant aux frises ou à une chaînette réunissant les coulisses les unes aux autres, des lanternes japonaises de différentes formes, contenant de petites bougies comme celles employées pour les arbres de Noël. L'effet est alors ravissant.

Salle de manoir gothique. — La fenêtre en ogive du fond est découpée et remplacée par un papier végétal sur lequel on a peint à l'aquarelle des vitraux ; la lumière de la lampe placée en arrière donne l'apparence d'un rayon de soleil. Dans la haute cheminée du premier plan, on découpe toute la partie représentant les flammes du foyer et on lui substitue un transparent diversement teinté. La lampe placée derrière la coulisse étant allumée, on a l'illusion d'un brasier véritable allumé dans la cheminée.

Campagne et moulin. — Pour ce décor, le mieux est de le coller sur une feuille de carton mince et de découper avec des ciseaux tous les vides entre les branches de l'arbre mort et des ailes du moulin. Ce travail préparatoire effectué, on double le décor par derrière avec une double feuille de papier de soie. Eclairé normalement, ce fond derrière lequel on place, la surface du calicot en avant, un autre décor quelconque, de manière à refléter la lumière, on a l'apparence d'un ciel brumeux et chargé de neige comme cela a lieu généralement en hiver.

Décor de féerie. — Il n'y a pas de découpage à effectuer, mais pour obtenir un effet intéressant, on peut coller un peu partout où on le jugera utile, sur le fond et les coulisses, des bandelettes de papier doré et argenté, des petites étoiles, etc. de manière à ce que ces fragments reflètent la lumière des lampes du premier plan.

Intérieur de café. — On obtiendra un meilleur effet en découpant tout le vitrage du fond, le décor ayant été collé, non sur le calicot, mais sur carton ; on laisse seulement les croisillons des carreaux, et on place tout à fait à l'arrière-plan, de manière à être vu, à travers les vides ainsi laissés, le décor de la place publique.

Palais. — On se procure de petits miroirs a bazar à 5 ou 10 centimes et on les suspend au rideau de fond et aux coulisses, puis on dispose en x, d'un côté à l'autre de la scène, deux chaînettes auxquelles sont accrochés des *cristaux*, prismes, toiles et cabochons semblables à ceux dont on orne les lustres, mais de plus petites dimensions. Les lampes sont descendues à la hauteur de ces guirlandes et de ces glaces et leur lumière, se reflétant dans tous ces verres taillés, fournit un aspect extrêmement brillant et convenant bien à une apothéose.

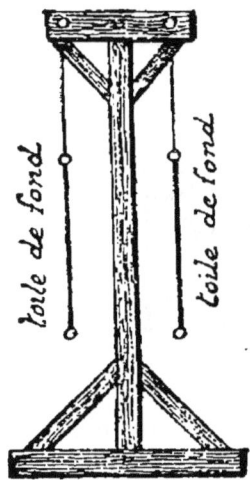

Fig. 23. — Procédé de suspension des décors.

Ces indications sommaires permettent de se rendre compte de la très grande variété d'effets qui peuvent être obtenus par des moyens fort simles, rien que par quelques améliorations apportées aux décors tels qu'ils existent dans le commerce.

Dans un théâtre de marionnettes à mains, les *fermes* ou décorations accessoires ne peuvent être posées sur le plancher, puisque celui-ci n'existe pas. On est dans l'obligation de maintenir ces fermes à l'aide de taquets de longueur convenable, disposés en équerre et reliés aux coulisses.

La méthode la plus rationnelle de procéder consiste à ne faire qu'un tout de la frise et des deux coulisses du même plan, ces trois pièces

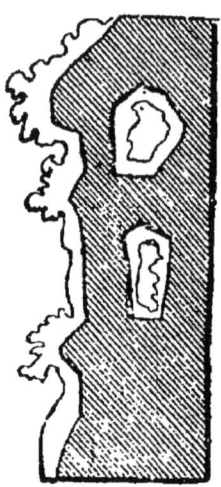

Fig. 24. — Coulisse (vue à l'envers).

étant collées ensemble à la colle forte. — Il faut faire bien attention, durant cette opération, de placer les morceaux à réunir bien d'équerre, sans quoi l'effet produit serait déplorable et le décor serait tout de guingois. Les frises sont préparées d'avance avec du carton rigide que l'on recouvre de papier blanc ou gris sur lequel on peint des nuages ou un plafond selon le sujet représenté. Ou bien on peut encore, pour éviter ce travail, coller sur la bande jouant le rôle de frise du papier peint de dessin convenable.

Les rideaux de fond sont suspendus aux crémaillères occupant l'extrémité arrière des deux côtés du paravent par les baguettes sur lesquelles ils sont cloués à leur partie supérieure. Ces baguettes, de section circulaire, mesurent 12 à 15 millimètres de diamètre ; ce sont des bâtons servant de perchoirs aux oiseaux dans les cages. Deux pointes sans tête, enfoncées à chaque bout dans le prolongement de l'axe de la baguette, servent de tourillons pour rouler le décor comme un rideau ordinaire. Une rondelle de bois un peu évidée et enfilée sur la baguette peut tenir lieu de poulie et permettre de dérouler ou de reployer le décor afin d'en faire apparaître un autre instantanément.

Le meilleur moyen de faire tenir solidement les coulisses tout en donnant la possibilité d'un montage et d'un démontage rapides est de les suspendre, d'une part à des tringles ou mieux des réglettes de bois plates assez longues pour pouvoir s'appuyer sur les deux crémaillères que portent les panneaux de droite et de gauche. Deux pinces en bois serrent le haut de la frise contre la réglette et deux autres pinces serrent les coulisses en bas contre l'ergot de bois décrit dans le chapitre III. La figure 25 montre l'agencement de ces diverses pièces et les détails du montage. Il faut, comme on voit, quatre pinces ou épingles par plan de coulisses. Une douzaine de pinces suffit donc pour maintenir les décors et les fermes ; on voit qu'il ne faut pas beaucoup de temps pour les mettre en place et les démonter.

Si l'on veut opérer un changement de décor sans baisser le rideau, le mieux est de dissimuler un jeu de coulisses sous une autre paire de coulisses plus larges. Le moment de la transformation arrivé, l'aide enlève les quatre pinces du bas, puis les quatre pinces du haut ; les deux plans de coulisses tombent l'un après l'autre et laissent apparaître celles qui étaient par derrière. Pour le rideau de fond, on le roule pour que celui placé en

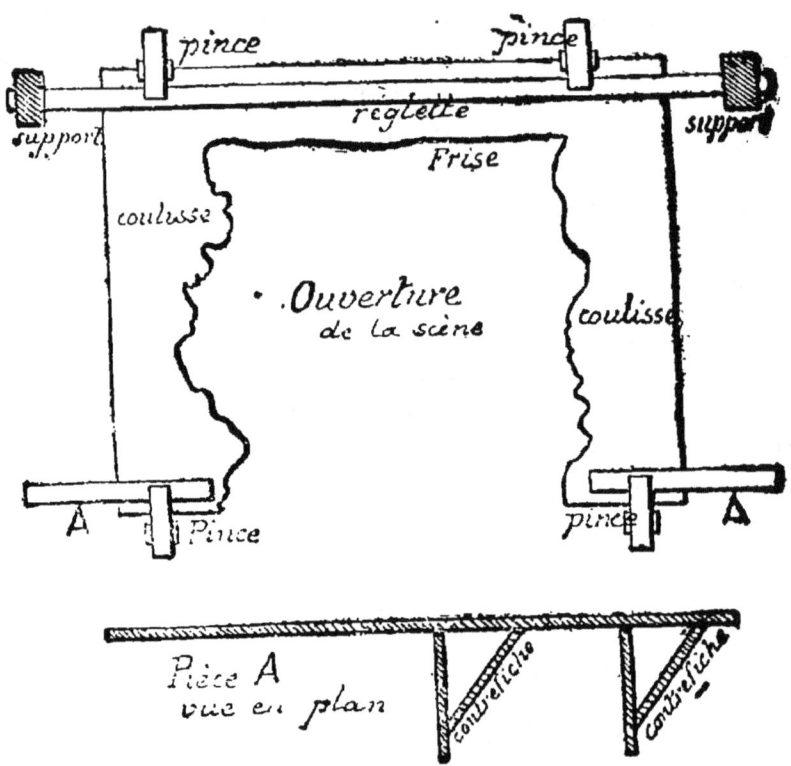

Fig. 25. — Agencement d'un décor (vue à l'envers).
(26). Ergot de soutien.

arrière apparaisse, ou bien au contraire on déroule en avant de celui qui est en place un autre décor préalablement roulé ; ces deux modes de transformation s'emploient selon que l'on veut augmenter ou au contraire diminuer la profondeur de la scène.

En exécutant soi-même le travail d'appropriation des décors et limitant la dépense à l'achat des feuilles imprimées, du carton, du calicot, des baguettes, pinces en bois et autres menus objets, le montant peut s'évaluer à 22 fr. qui, ajouté au prix du théâtre : 10 francs, montre un total de dépense de 32 francs de ce chef pour le théâtre complet avec 24 décors. C'est peu de chose, mais il faut, pour être juste, tenir compte des nombreuses soirées de travail passées à la confection des différents objets entrant dans la composition du matériel.

Le plus grand modèle de théâtre Guignol décrit dans le chapitre III entraîne des dépenses de décors moins élevées que celles du théâtre de marionnettes, mais il est vrai que ces décors ont une surface quatre fois moindre : 2 mètres carrés au lieu de 8. Le sujet sera peint à l'huile sur toile, et les coulisses, tendues sur des châssis de bois, peints de la même manière. Si l'on a quelques connaissances de dessin, on réalisera une sérieuse économie en exécutant soi-même ce travail. On choisit donc un sujet à reproduire, un intérieur d'habitation ou une vue de paysage, campagne, forêt, et on le reporte sur la toile à peindre à l'aide de l'instrument d'agrandissement des dessins appelé *pantographe*. Le dessin une fois reporté au trait, on brosse le décor comme s'il s'agissait d'un tableau à l'huile. Lorsque la peinture est sèche, on cloue la toile, en haut et en bas, sur des perches de bois de 2 mètres de longueur, dont l'une est pourvue de deux clous servant de tourillons et d'une poulie avec cordon de tirage pour rouler la toile ou la dérouler. En procédant de cette manière, un décor, avec ses deux plans de coulisses et ses bandes d'air ou frises, fermes, accessoires, coûte le prix ci-dessous :

Toile pour le rideau de fond, les coulisses et frises, environ 6 mètres carrés de toile à 1.80 le mètre (en 120m/m)...............	10 80
Perches pour le rideau de fond. Tourillons et poulies..	2 80
Lattes pour châssis, frises, portants, fermes, 24 mètres....................................	1 60
Peinture employée, pointes, ficelles.........	3 80
Total...............	19 fr.

En admettant qu'il faille au moins douze décors pour ce théâtre, la dépense de matériaux s'élèvera de ce chef à 228 francs. Si l'on était obligé de faire exécuter le travail par des peintres décorateurs, cette dépense s'élèverait au moins à sept ou huit cents francs, car il faut bien estimer un décor complet, convenablement peint par un spécialiste, à 70 francs en moyenne, matériaux compris.

CHAPITRE V

L'éclairage des petits théâtres

La question de l'éclairage de la scène des théâtres de marionnettes et de guignols n'est pas sans importance, sauf pour les tout petits modèles qui peuvent se poser sur une table et être éclairés, soit par la lumière du jour, soit, pendant la soirée, par la lampe familiale placée dans la suspension au-dessus de la table. Pour les modèles plus grands, une source spéciale de lumière est absolument indispensable, autrement la scène est sombre et, même en plein air, n'apparaît que comme un trou d'ombre, une boîte obscure au fond de laquelle se distingue difficilement ce que représente la toile peinte. Celle-ci doit donc être éclairée, de même que l'avant-scène où évoluent les personnages.

Voici un agencement qui peut suffire pour une scène de la grandeur de « *Mon Théâtre* » et qui se recommande par sa simplicité :

On prend une feuille de carton de moyenne épaisseur, de la dimension du plancher de la scène, soit 0^{m}80 sur 0^{m}30, et l'on pratique trois ouvertures rectangulaires très rapprochées l'une de l'autre et mesurant 0^{m}08 de large sur 0^{m}60 de long, cette dernière grandeur étant prise dans le sens de la largeur de la scène. On détache ces trois morceaux de carton de la feuille et on les double de papier d'étain collé, ou, ce qui est bien préférable, d'un fragment de clinquant bien brillant (ce que l'on appelle du *paillon*), que l'on

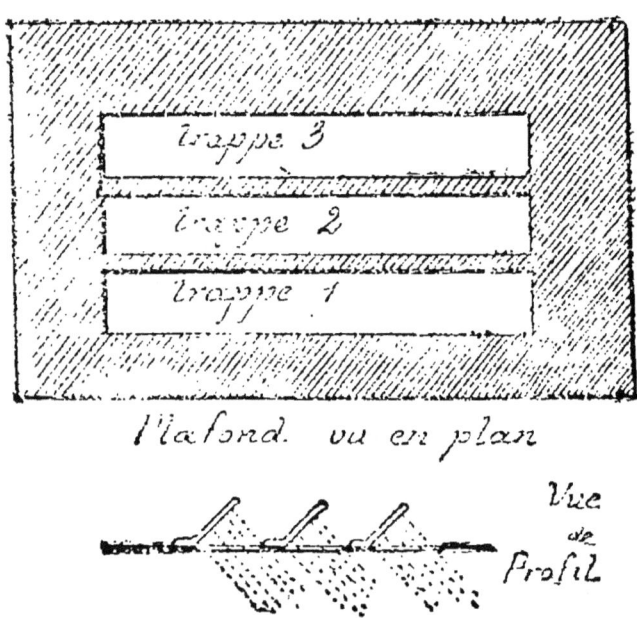

Fig. 27. — Agencement d'un plafond de scène.
(28). Coupe en élévation.

fixe avec des semences de tapissier très fines au carton. Ces volets sont ensuite remis à leur place et reliés au carton par deux rubans collés à la colle-forte.

La feuille de carton est alors déposée comme un plafond au-dessus du théâtre ; lors de la représentation on ouvre les volets au quart, de manière à ce qu'ils aient une inclinaison de 45 degrés, et on les arrête dans cette position par un petit taquet de bois ou de carton (Fig. 27 et 28).

On comprend aisément le but de cet aménagement du plafond de la scène. Ces volets doublés intérieurement d'une plaque brillante font office de réflecteurs ; ils renvoient la lumière arrivant horizontalement frapper la façade du théâtre, dans une direction perpendiculaire, de telle manière que la scène et les personnages qui évoluent sur le plancher se trouvent bien éclairés. Toutefois il faut remarquer que ce moyen, suffisant pour un petit théâtre, ne conviendrait pas pour une scène plus grande, car la difficulté n'est pas éliminée et les décors, restant dans un clair-obscur peu favorable, sont peu distincts, sauf lorsque le théâtre est placé en plein air et que le jour est intense.

Pour les représentations nocturnes, dans un jardin par exemple, on a pensé à éclairer les théâtres de marionnettes ou de guignols par de grosses lampes à pétrole ou à acétylène, munies de réflecteurs. Ces lampes sont fixées de chaque

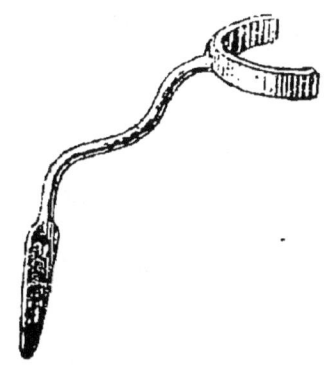

Fig. 29. — Ferrure de support de lampe à pétrole.

côté de l'avant-scène sur des ferrures annulaires (fig. 29) reliées par une équerre ou un bras contre-coudé au panneau à la hauteur convenable pour éclairer les personnages. Afin d'éviter que la lumière de ces deux sources de lumière, ainsi placées à droite et à gauche de la scène, n'éblouisse les spectateurs, on munit les lampes de réflecteurs emboîtant bien la cheminée de tirage et concentrant les rayons pour les diriger à l'intérieur de la scène. Les rayons émanant des foyers lumineux se croisent à l'intérieur de la scène (Fig. 30) et les acteurs qui évoluent au premier plan sont très bien éclairés. Mais il demeure, malgré tout, difficile de bien éclairer la toile de fond ; il faudrait pouvoir placer les lampes dans l'intérieur même du théâtre, et alors elles gêneraient, seraient une cause de danger, et l'éclai-

Fig. 30. — Eclairage pour lampes à l'avant-scène.

rage serait quand même imparfait, les coulisses, frises et autres parties de décor de premier plan portant ombre en arrière. Le problème n'est donc pas encore convenablement résolu de cette façon, d'autant plus qu'il n'est pas possible de réaliser d'effets de mise en scène avec ce genre d'éclairage.

On est donc conduit à chercher un moyen pratique d'éclairer, non seulement l'avant-scène où se tiennent les acteurs, mais les deux plans de coulisses et surtout le fond de la scène, le décor, et on ne peut utiliser, dans ce cas, qu'une source de lumière ne présentant aucun danger d'incendie et susceptible d'être réglée à volonté. Or, seule, l'électricité répond à ces diverses exigences ; il en résulte qu'il faut imiter, — en réduction, bien entendu, — les dispositions adoptées dans les grands théâtres pour réaliser ces conditions essentielles. D'ailleurs, cette application ne présente pas, pour des théâtres à échelle réduite, des difficultés insurmontables et l'on viendra à bout de réussir parfaitement l'installation en observant les indications qui vont suivre.

Prenons d'abord les grandeurs intermédiaires : le modèle pour marionnettes à fils « *Mon Théâtre* » ou le guignol de 0^{m}85 de large, dont la construction a été expliquée dans les chapitres précédents.

Pour être convenablement éclairés, la scène doit posséder :

2 lampes fixes au premier plan (manteau d'arlequin) ;

2 lampes fixes en arrière de la première et de la deuxième frise ;

1 lampe mobile sur cordon souple ;

1 cordon de trois lampes mobiles s'allumant ensemble.

L'installation peut être complétée par deux lampes fixes disposées à l'extérieur de la façade, aux angles du fronton, ou une seule lampe dans le milieu et au sommet de celui-ci et une lampe suspendue au milieu de la salle à l'extrémité d'un long cordon souple.

Soit, au total, onze lampes, dont l'appareillage est le suivant :

La lampe éclairant la salle, comportant une douille à baïonnette petit modèle et un réflecteur en plaqué d'argent, de 10 centimètres de diamètre.

Les lampes du fronton, une patère en bois verni et un réflecteur.

Les deux lampes du manteau d'arlequin, une patère en bois et un petit réflecteur. Ces lampes sont montées sur des traverses de bois dont les

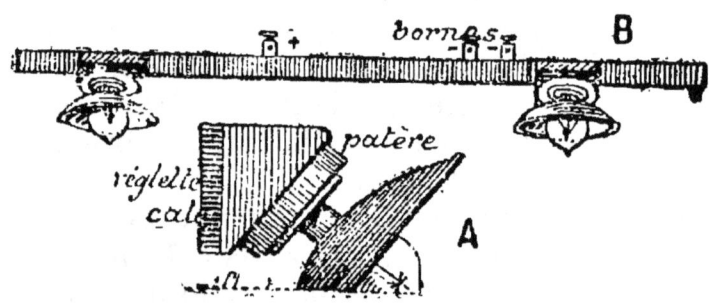

Fig. 31. — Agencement de lampes à incandescence.
(32). Détail de la lampe, vue de côté.

extrémités s'encastrent sur les crémaillères de support des décors, par l'intermédiaire d'une cale triangulaire en bois donnant une inclinaison de 45 degrés à la patère et à la lampe, de manière à projeter la lumière dans la direction de la toile de fond.

Les deux lampes du premier plan sont montées d'une manière identique.

Les deux lampes du second plan, éclairant directement le décor, montées sur patère, avec petit réflecteur, sont fixées sans cale intermédiaire sur une réglette plate, longue de 25 centimètres, clouée à droite et à gauche d'une traverse dont les deux bouts reposent de part et d'autre sur les crémaillères des côtés. Les lampes sont masquées par les coulisses, comme celles des herses sont dissimulées derrière les bandes des frises.

Chaque lampe devant pouvoir être allumée ou éteinte séparément, sans intéresser en rien ses voisines, les connexions sont établies avec les contacts des supports par trois bornes à vis à bois enfoncées dans les traverses. L'une de ces bornes porte deux fils communiquant chacun avec l'un des deux contacts de chaque lampe ; l'autre contact est en rapport avec une borne distincte. La borne à deux fils est plus grosse que les autres pour être distinguée du premier coup d'œil.

Le théâtre étant entièrement démontable, les pièces de l'éclairage électrique doivent pouvoir se mettre en place et s'enlever sans difficulté. C'est pourquoi les herses et portants sont réunis à leurs interrupteurs de commande par un cordon composé d'autant de conducteurs qu'il y a de lampes, plus un fil se trifurquant en un point pour desservir les trois grosses bornes des traverses, ainsi que le représente le petit schéma ci-dessous.

Les neuf interrupteurs, de simples boutons en porcelaine émaillée, sont vissés en trois séries de trois sur le même rang, sur une planchette vissée elle-même à la charpente du panneau de droite. L'un des plots de contact de ces boutons est relié à un gros fil se rendant à la source de courant. L'autre plot de contact de chaque bouton est en rapport avec l'un des contacts d'une des lampes. Le plot libre de chaque lampe est ensuite relié au fil commun de retour par l'intermédiaire des grosses bornes. Les six fils des lampes et le fil de retour divisé en trois, sont tressés tous ensemble et forment un cordon tressé montant le long de la charpente et maintenu par des conducteurs émaillés. Les conducteurs se terminent par de petites fiches pointues pouvant s'engager dans les trous des bornes et auxquelles ils sont soudés. Il en est de même du conducteur de retour et de celui de départ qui se subdivise en autant de fils secon-

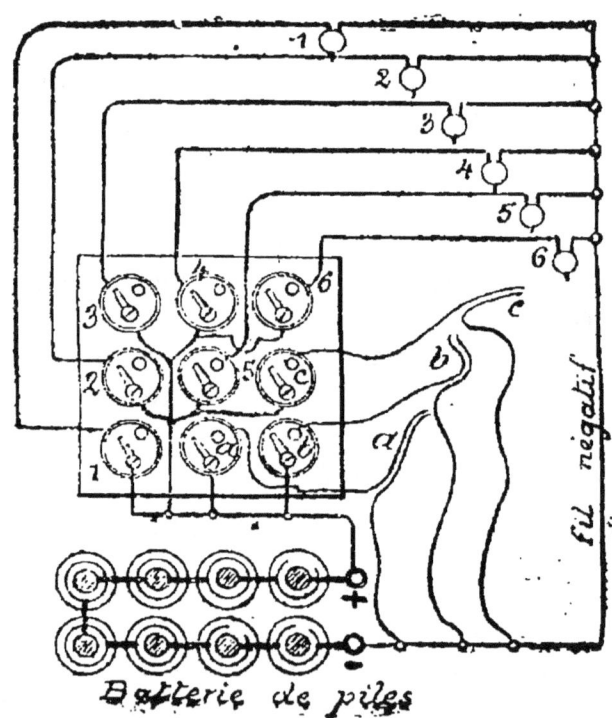

Fig. 33. — Agencement de l'éclairage par piles.
a, b, c, lampes mobiles.

daires que le tableau compte de boutons de commande.

Le bas de la planche jouant le rôle de tableau de distribution porte une grosse borne et trois petites. La grosse borne est en rapport, par des fils secondaires, à l'un des contacts de chacun des trois boutons du bas, et d'autre part avec le fil desservant tous les autres boutons de la planche. De chacune des petites bornes, part un fil distinct alimentant une lampe mobile, dont l'autre contact est en rapport avec le fil de retour général. Ces lampes mobiles sont disposées à l'extrémité de cordons souples plus ou moins longs. Trois sont placées *en série* sur le même circuit, de manière à s'allumer ou s'éteindre ensemble quand on manœuvre le bouton commandant ce circuit.

Grâce à ces dispositions, on peut allumer à volonté l'une ou l'autre des huit lampes constituant l'éclairage général, ou plusieurs de ces lampes indistinctement.

Avant la représentation, pendant que le public prend place, on allume la lampe suspendue au milieu de la salle, en agissant sur le bouton n° 7 ; un peu avant de commencer, on allume les lampes du fronton avec le bouton n° 6, la première restant allumée. Au moment de lever le rideau, et selon le décor, on allume toutes les lampes de l'intérieur de la scène, ou seulement celles du manteau d'arlequin, du premier ou du deuxième plan, suivant que l'on a besoin d'un éclairage plus ou moins intense, et en même temps on éteint les lampes de la salle, celle-ci devant demeurer dans l'obscurité pendant la représentation.

Les lampes mobiles sont mises en place avant le tableau où leur lumière sera nécessaire. On les descend simplement au bout de leur cordon souple jusqu'à la hauteur du transparent à éclairer, et on les fixe à l'aide d'une pince en bois. Ces lampes servent surtout pour ces éclairages momentanés des parties transparentes du décor ; elles permettent de réaliser des jeux de lumière très intéressants, effets de nuit, etc.

Les trois lampes disposées sur le même fil et s'allumant toutes les trois à la fois par la manœuvre du bouton 9, sont utilisées lorsqu'on a besoin d'un éclairage réparti en nombreux points du décor, par exemple le croissant lunaire, la flamme d'un feu, une lanterne devant être vus ensemble, ou toute autre combinaison.

Lorsqu'on a besoin de lumière teintée, pour certains moments de la pièce, le moyen le plus simple consiste à interposer, devant les deux lampes de l'avant-scène, des verres de couleur, ordinairement bleus ou rouges. Ces verres sont maintenus dans une monture en fer-blanc de forme convenable, se fixant à la patère de bois et pouvant s'enlever et se remettre en un instant. Ils permettent d'obtenir des jeux de lumière en rapport avec le sujet de la pièce : un incendie, un effet de nuit, etc. Les lampes incolores sont éteintes pendant que, seules, les lampes à verres teintés sont mises en action.

On peut imiter les phénomènes de l'orage avec une grande vraisemblance, d'une part en imitant le bruit du tonnerre en agitant une plaque de tôle, d'autre part en imitant l'éclair à l'aide d'un dispositif très simple que représente le dessin ci-contre et que l'on peut fabriquer soi-même. C'est une tringle emmanchée dans une poignée de bois et portant une glace de 7 ou 8 centimètres de diamètre, ainsi que deux traverses de 5 centimètres de long, en acier flexible, dont l'extrémité est munie d'une douille dans laquelle s'enfonce à frottement dur un crayon de charbon. Chacun de ces charbons est en rapport avec un des pôles de la source d'électricité, et au repos les pointes des charbons se trouvent en regard l'une de l'autre à une distance de 1 ou 2 millimètres. Pour donner l'illusion de la foudre, l'intérieur de la scène est sombre, et il suffit de secouer vivement l'appareil dont on tient la poignée à la main. Par suite de l'élasticité de la monture, les pointes de charbon viennent se heurter puis s'écartent aussitôt, en donnant naissance à un arc voltaïque très intense, d'une durée aussi courte que celle de l'éclair. Cet arc reflété par le miroir que l'on agite fournit des zigzags lumineux instantanées qui sillonnent la scène ; l'illusion est absolue, surtout lorsqu'on accompagne cette lumière éblouissante de l'imitation du bruit du tonnerre.

Dans les pièces à grand spectacle, on peut faire des projections lumineuses accompagnant le personnage principal dans ses mouvements, à l'aide d'une lampe particulière enfermée à l'intérieur d'une petite boîte de bois noircie à l'intérieur et dont une face est pourvue d'un *condensateur optique* ou verre grossissant concentrant les rayons lumineux émis par le foyer lumineux. La lampe doit être pourvue d'un réflecteur en plaqué d'argent ; elle est guidée par un aide de l'opérateur qui manœuvre les personnages.

Tel est l'équipement électrique de théâtres de marionnettes de grandeur moyenne ; il est assez simple, mais il faut songer à la source de courant devant alimenter les lampes.

Si le théâtre est installé dans un appartement possédant un réseau d'éclairage, on peut opérer un branchement sur une prise de courant à broche, dispositif très employé pour les lampes portatives, et alimenter ainsi les lampes du théâtre. Toutefois, il ne faut pas oublier que la pression (ou tension) du courant dans les distributions urbaines est ordinairement de 110 *volts*, et que les lampes devant fonctionner dans ces conditions ont des ampoules trop longues pour trouver place dans les herses ou portants à éclairer. On sera donc obligé de prendre des lampes de petites dimensions (sphériques) groupées, non plus *en dérivation* ainsi que cela a été expliqué, ce qui assure une indépendance absolue à chaque foyer, mais *en série*, ce qui oblige à allumer ou à éteindre toutes les lampes à la fois. Celles-ci auront un voltage de 12 volts.

Nous croyons préférable que le théâtre possède son générateur de courant pouvant se transporter partout où celui-ci devra être monté, et donnant juste la quantité d'électricité nécessaire.

On a le choix entre les accumulateurs et les piles au bichromate. Le chiffre de 12 volts étant adopté pour les lampes, il faut une batterie de six éléments d'accumulateurs ou huit éléments de pile. Les accumulateurs présentent l'avantage de ne demander aucune manipulation de la part de la personne qui s'en sert. Lorsque le niveau du liquide baisse à la longue dans les bacs, il suffit d'ajouter de l'eau pure pour le ramener à la hauteur convenable. La charge d'énergie électrique tirant à sa fin, ce que l'on reconnaît à l'aide d'un petit appareil de mesure appelé *voltmètre de poche*, ainsi qu'au moindre éclat lumineux donné par les lampes, il faut faire recharger la batterie dans une usine d'électricité, ce qui coûte quelques francs seulement, selon la capacité de la batterie.

Avec des piles au bichromate, on opère soi-même le chargement, dans quelque endroit que l'on se trouve, simplement avec du bichromate de soude ou de potasse dissous dans l'eau, et additionné ensuite d'une certaine proportion d'acide sulfurique.

Un élément sera composé d'un vase en verre quadrangulaire (bocal Leclanché) de 2 litres de capacité, muni de son couvercle en isolite, soutenant le disque-bouchon d'une pile-bouteille modèle de 1 litre. Les huit bocaux sont disposés côte à côte sur deux rangs dans une boîte pourvue de poignées très solides, et les éléments sont associés *en tension*, le pôle charbon ou positif de l'un avec le pôle zinc ou négatif de l'autre. Les deux pôles extrêmes sont en relation avec les circuits d'éclairage. On met la pile en fonction et on règle l'intensité de la lumière en faisant descendre plus ou moins les lames de zinc amalgamé dans le liquide excitateur à l'aide des tringles de laiton sur lesquelles ces lames sont montées.

Maintenant quel est le prix de revient de l'éclairage, installation et entretien. Les chiffres ci-dessous vont répondre à cette question.

6 patères bois verni et 6 douilles laiton à 0.60...	7.20
8 réflecteurs plaqué à 0.90, 4 montures à verres teintés	10.40
9 boutons porcelaine émaillée à 0.80	7.20
Fils 24 m., cordon souple double 20 m., fiches, bornes	5.80
Traverses de menuiserie, cales, ruban chatterton.	1.40
1 douzaine de lampes de 12 volts à filament métallique	18. »
Batterie de 8 éléments au bichromate à 5 fr	40. »
Total	90 fr.

Si l'on emploie des accumulateurs au lieu de piles, la dépense totale s'élève à 120 francs au lieu de 90, 6 éléments marque Tudor, de 20 ampères-heure de capacité coûtant 9.50 l'un, la caisse les contenant 3 francs et le voltmètre de poche 10 francs, soit 70 francs au lieu de 40.

Pour charger les 8 éléments de 2 litres, il faut 1.200 grammes de bichromate de soude ou de potasse dissous dans 6 litres d'eau, et 1 litre d'acide sulfurique à 66 degrés de concentration. La dépense est de 2 fr. 30. La charge de 6 accumulateurs de 20 ampères-heure coûte 2 fr. 50 en moyenne. La dépense est donc sensiblement la même ; toutefois avec les accumulateurs on évite les manipulations d'acide, toujours désagréables et même dangereuses, car les gouttelettes qui peuvent rejaillir sur les vêtements pendant le transvasement produisent des trous dans l'étoffe si l'on ne prend pas la précaution de le neutraliser immédiatement avec un peu d'ammoniaque liquide.

Pour un théâtre de grandes dimensions avec rideaux de fond de 2 mètres carrés (guignol) ou 8 mètres carrés (marionnettes à fils), l'installation électrique doit être beaucoup plus complète et les foyers lumineux bien plus nombreux, la surface à éclairer étant notablement plus grande. Les services de la scène seront donc divisés en trois circuits distincts : celui de lumière blanche, de lumière rouge et de lumière bleu-verdâtre. La rampe, les herses et les portants comporteront donc trois séries de lampes se succédant dans l'ordre blanc rouge, blanc bleu, et ainsi de suite. Le guignol de 2 mètres de largeur comportera donc : 1° pour la rampe, 20 lampes, 10 blanches,

5 rouges et 5 bleues ; 2º pour les herses, 48 lampes, dont 24 blanches, 12 rouges et 12 bleues ; 3º pour les portants, 32 lampes, dont 16 blanches, 8 rouges et 8 bleues. En faisant « plein feu » on disposera donc de 50 lampes blanches, ou de 25 rouges ou de 25 bleues, le nombre total de lampes étant de 100. Il faut encore prévoir, pour les « traînées », une vingtaine de lampes ou davantage selon les pièces représentées, pour les illuminations, les jeux de lumière, transparents, etc.

On pourra emprunter le courant nécessaire à une canalisation d'électricité existante ou, si le théâtre est destiné à jouer dans des endroits dépourvus de distribution de ce genre, à un petit groupe électrogène à essence de 3 à 4 chevaux. La commande des différents circuits de lumière s'opèrera d'un *tableau* muni des appareils indispensables : voltmètre, ampèremètre, coupe-circuits de sûreté, interrupteurs généraux et particuliers, commutateurs, etc. Toutes les connexions de fils sont exécutées derrière le tableau, qui est fixé aux montants postérieurs de la charpente du théâtre. Tous les conducteurs sont réunis en un seul faisceau légèrement câblé et leurs extrémités vont s'attacher sur des bornes de chaque service. Pour la lumière blanche, il y a six interrupteurs commandant : le 1er la rampe ; le 2e la herse du premier plan ; le 3e la herse du 2e plan ; le 4e la herse du *lointain;* le 5e les portants 1er plan ; le 6e les portants du lointain. Des interrupteurs particuliers commandent les lampes mobiles.

Une installation électrique de 200 lampes telle que celle qui vient d'être décrite (80 lampes pour la salle de spectacle et 120 pour la scène) revient à 1.200 francs environ, tableau de distribution et conducteurs compris, travaux de pose en sus.

Un théâtre de marionnettes, avec décors de 8 mètres carrés, exigera au moins 300 lampes de 10 et 16 bougies, dont 200 pour la scène, ce qui correspond à une dépense de 1.800 francs au moins. Alors qu'un groupe électrogène de 3 à 4 chevaux de force sera suffisant pour le guignol, il faudra une machine de 7 à 8 chevaux pour celui-ci.

Les 50 lampes blanches du guignol étant mises simultanément en activité, pour une apothéose de féerie par exemple, on disposera de 500 bougies d'éclairage, chaque lampe étant comptée à 10 bougies. Pour les marionnettes, il faut des lampes de 16 bougies, et si 180 sont allumées ensemble, on aura près de 3.000 bougies. Mais la surface à éclairer étant quatre fois plus grande, on restera à peu près dans les mêmes proportions.

Mais nous pensons en avoir dit suffisamment maintenant pour que l'on puisse se rendre compte de l'importance de la question de l'éclairage d'une scène théâtrale, ainsi que des moyens à employer pour remplir le programme voulu et réaliser une très grande variété de jeux de lumière de toutes couleurs.

CHAPITRE VI

Fabrication des marionnettes et guignols

Les marionnettes à fils sont d'une fabrication bien différente de celle des guignols ; ce sont des poupées de taille en rapport avec le théâtre où ces acteurs doivent évoluer et dont les mouvements sont commandés par des fils attachés en des points convenablement choisis.

Cette disposition peut être considérablement simplifiée pour les théâtres de petites dimensions tels que les modèles décrits au début du chapitre II. Lorsqu'il s'agit du petit modèle de 0^m45 de long on prend des poupées de 10 centimètres de haut, munies d'un simple fil de fer accroché dans la tête de la poupée. La personne qui manœuvre ces petits personnages peut donc en tenir un de chaque main, les faire aller à droite et à gauche de la scène et passer d'un plan à l'autre, aller de l'avant-scène au lointain ou inversement, mais ce sont les seuls mouvements qui puissent leur être imprimés.

Dans le modèle de « Mon Théâtre », les personnages sont en papier ; ils sont dessinés vus de face et vus par derrière ; ces dessins, imprimés en couleurs, doivent d'abord être contre-collés sur du carton mince, puis les deux faces du personnage sont superposées et collées solidement à la gomme arabique en ayant soin d'intercaler entre elles un gros fil noir ou un fil de fer de petit diamètre de 30 centimètres de longueur que l'on tient par le haut pour déplacer l'acteur pendant qu'on le fait parler.

Les poupées de 10 centimètres de haut coûtent de 10 à 25 centimes pièce dans les bazars. Il en faut une douzaine au moins pour pouvoir jouer de petites pièces, dont le possesseur du théâtre imaginera le scénario à sa fantaisie, à moins qu'il préfère en emprunter le texte à divers répertoires constituant la littérature spéciale des marionnettes.

L'auteur humoristique L. Valbert a publié, sous le titre de « Théâtre en famille », une série de petites pièces destinées à être jouées avec le matériel de « Mon Théâtre », dont nous avons parlé. La collection portant ce même nom, et renfermant les décors de cette scène en réduction, contient, dans chacun de ses numéros, les personnages de chaque pièce ; il suffit de les coller sur carton, les découper et les monter avec un fil, ainsi qu'il a été expliqué plus haut.

Il est à remarquer qu'avec des marionnettes ne possédant qu'un seul fil de commande, on ne peut obtenir d'autres mouvements que ceux d'aller et retour de droite à gauche de la scène. Les frises empêchant le fil de soutien de l'acteur de passer, on est obligé, pour les amener de l'avant à l'arrière, de leur faire faire le tour autour des portants à droite et à gauche. De même, lorsque le décor comporte des portes d'entrée, celles-ci ne peuvent pas être rendues praticables, et il n'est pas possible d'y faire passer, entrer et sortir les personnages.

Ceux-ci doivent arriver et repartir par les coulisses de droite ou de gauche.

On comprend que l'illusion ne peut être complète avec des acteurs en carton découpé ou des poupées dont tous les membres sont rigides. Aussi, en réalité, ces petits théâtres ne peuvent-ils constituer que des jouets d'enfants, surtout s'ils ne possèdent aucun éclairage intérieur et s'ils ne permettent pas la reproduction de trucs, changements en vue, jeux de lumière, etc. Il n'en est pas de même, on le conçoit, avec des théâtres plus grands, tels que le dernier dont la description a été donnée à la fin du chapitre II et qui est identique aux grands théâtres de marionnettes de Séraphin, d'Holden et de Dicksonn, dont nous indiquerons plus loin l'agencement.

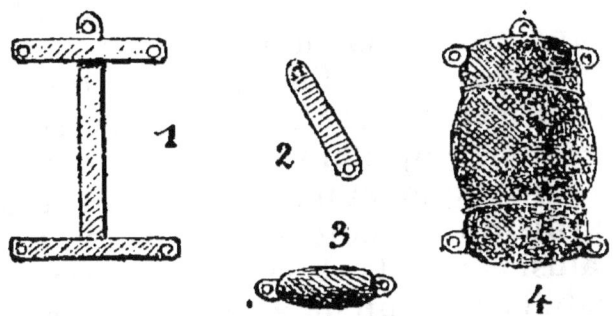

Fig. 34 à 37. — Pièces constitutives d'une marionnette à fils.

Dans ces grands modèles, les personnages atteignent une hauteur de 40 à 60 centimètres ; ils sont fabriqués avec une carcasse intérieure en bois en forme de double T ; les quatre membres sont attachés aux extrémités des deux traverses parallèles, lesquelles sont percées de trous, par des anneaux en ruban ou en ficelle solide. La carcasse des bras et des jambes est formée de deux morceaux de bois plats, reliés l'un à l'autre de la même manière que ci-dessus. L'une des traverses correspond aux épaules, l'autre aux hanches de la poupée.

En possession de cette charpente constituant le squelette, on prépare le corps et les membres avec des sacs en toile grossière que l'on bourre de varech ou d'étoupes après avoir placé au milieu du sac la carcasse de bois, dont on laisse dépasser les extrémités. Puis, cette imitation grossière du buste terminée, on habille chaque pièce selon le caractère que l'on veut donner au personnage, autant que possible avec des étoffes voyantes, des ornements dorés s'il est nécessaire, des boutons en clinquant, etc., puis on procède au montage. On commence par relier l'un à l'autre les deux pièces devant former le bras ou la jambe, et on les termine en les complétant par une main moulée en matière plastique ou un pied de bois, recouvert de peau brillante imitant la chaussure. Le membre étant ainsi complété et les deux morceaux ajustés, on l'habille ainsi qu'on a fait du buste, puis on le réunit à son tour au buste, de la manière qui a été expliquée, par des anneaux qui se trouvent dissimulés sous l'habillement. Enfin on ajuste une tête en carton, en biscuit ou toute autre matière, recouverte d'une perruque et d'une coiffure appropriée et on fixe les fils de commande à chaque articulation ; il faut donc neuf fils : deux par membre, l'un au poignet, l'autre à la saignée du bras ; deux à la jambe, l'un au genou, l'autre au pied et un pour la tête. Pour les poupées représentant des femmes, il est inutile de leur faire des jambes ; la robe est tendue sur une étoffe rigide, un bougran doublé, et il n'y a pas de fils de commande.

En fabriquant par ses mains une marionnette d'après ces principes, on conçoit que le prix de revient est minime et peut être évalué à quelques francs au plus pour les matériaux entrant dans sa composition : bois, étoupes, toiles pour les sacs, les mains, avec leurs petits bracelets de plomb les forçant à rester abaissées, enfin la tête en carton et les rognures de drap, de satin, les boutons, etc. Il est bien évident que si l'on fait exécuter ce travail par des ouvrières, le coût sera plus élevé puisqu'on aura à payer la main-d'œuvre en supplément.

Dans les grands théâtres de marionnettes à fils, les personnages diffèrent de grandeur, suivant les dimensions de la scène, et ils ont ordinairement 48, 52 ou 70 centimètres de hauteur. Certains sont entièrement taillés dans du bois, des pieds à la tête, mais alors ils sont lourds et d'un maniement difficile, aussi, le plus souvent, pour leur donner le plus de mobilité possible, préfère-t-on construire les différentes parties du corps avec des matériaux appropriés. Le buste reste toujours en bois, mais la tête, qui a besoin d'être plus légère, est alors en carton moulé, peint et verni, tandis que les bras et les jambes, qui ont besoin d'être très souples, sont en cordes ; les extrémités sont garnies de plomb, de façon à obéir, à la moindre impulsion du fil, d'une façon nette et précise.

Afin de supprimer les fils, on a imaginé un système de commande des mouvements tout différent :

les marionnettes sont posées sur le plancher du théâtre et maintenues sur des socles qu'on fait manœuvrer dans des rainures ; tous les fils passent par ce socle et sont reliés à une sorte de clavier où il suffit de poser les doigts pour mettre en mouvement toutes les parties du corps du pantin. Ce mécanisme présente sur le système des fils un sérieux avantage : tandis qu'il est très difficile de donner l'illusion de la marche à des marionnettes suspendues à des fils, les personnages montés sur des socles glissant dans des rainures imitent parfaitement la démarche humaine.

Les deux procédés peuvent d'ailleurs être combinés ; les poupées glissent sur des socles, et en même temps sont mises en mouvement à l'aide de fils les soutenant par en haut. On peut réaliser alors des tours de force surprenants. Le seul inconvénient de cette disposition est de nécessiter plusieurs opérateurs très habiles et combinant bien leur action.

Les marionnettes peuvent être très perfectionnées dans leurs moindres détails ; la mâchoire inférieure peut être rendue mobile de bas en haut en l'alourdissant d'un grain de plomb et en la commandant par un fil spécial. De même les yeux sont rendus mobiles de manière à s'ouvrir et se refermer suivant l'inclinaison de la tête.

Le personnage est toujours soutenu par une tringle solidement fixée à la tête et mesurant 5o centimètres de longueur. Tandis que les fils font mouvoir les différentes parties du corps de la poupée, la tringle a pour but de soutenir l'ensemble du corps et d'alléger le travail des fils. A son extrémité supérieure, la tringle est pourvue d'un crochet qui permet de suspendre l'acteur à une barre horizontale et de le saisir aisément lorsqu'on a besoin de lui.

Lorsqu'on veut obtenir des mouvements d'ensemble avec plusieurs marionnettes, on recourt au dispositif suivant : on dispose en brochette sur une même tige de fer horizontale, plusieurs personnages, des danseuses par exemple. Un seul fil

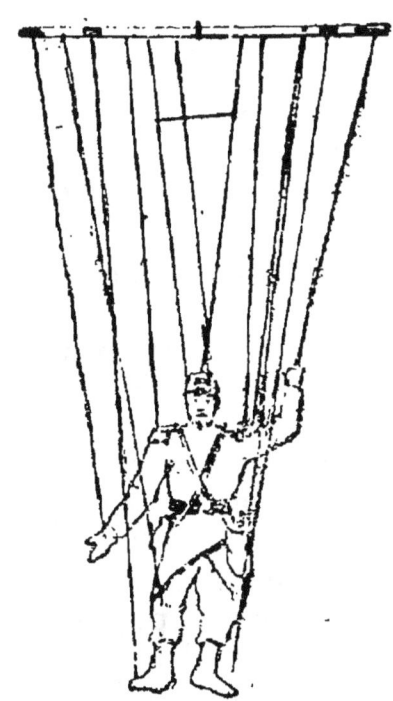

Fig. 38. — Marionnette Dicksonn.

permet de les actionner ; de cette manière elles lèvent toutes la jambe en cadence, se transportent d'un point à un autre, disparaissent et reparaissent, font des entrechats avec une simultanéité et une précision qui émerveillent les spectateurs.

Dans le système de Dicksonn, décrit comme suit par M. Maindron, l'acteur est suspendu au corps du marionnettiste par un appareil lui permettant d'avoir les deux mains libres. Cet appareil se compose simplement d'un dos de cuirasse ne gênant aucun mouvement et fixé à des bretelles. Ce dos reçoit une longue tige de fer portant à sa base une vis d'arrêt permettant son élévation ou son abaissement. Cette tige se recourbe au-dessus de la tête de l'opérateur, avance de 35 à 40 centimètres et se termine par un crochet mobile dans tous les sens. C'est à ce crochet que se fixe par un piton la tringle horizontale qui porte, munie de tous ses fils, la marionnette ainsi suspendue à tous ses fils sous les yeux mêmes de la personne qui la fait manœuvrer.

Deux fils A servent à suspendre le fantoche par les épaules. Ce sont les principaux, ceux qui supportent tout le poids ; aussi demandent-ils à être souvent vérifiés. Deux autres fils B, fixés aux oreilles, soutiennent la tête et se terminent en haut par deux caoutchoucs qui sont réunis par une barre en fil de fer, ce qui permet, en appuyant dessus, d'obtenir par l'élasticité l'abaissement des deux fils et en même temps de faire incliner la tête pour dire : *oui*. En appuyant sur la tringle plus fort d'un côté que de l'autre, on obtient une inclinaison de tête, et en faisant obliquer la tringle pour la mettre presque en travers, on obtient *non*. Il suffit donc d'un simple mouvement des doigts pour produire trois fonctions distinctes.

Au bas du dos de la marionnette, au-dessous de l'articulation de la taille, est fixé un fil ; en tenant ce fil à la main à une hauteur invariable et en baissant un peu son corps, l'opérateur obtient un ploiement de la partie supérieure de la poupée qui paraît alors saluer le public. Une seule main étant occupée, l'autre peut conduire un mouvement de jambe et de bras en saisissant ensemble les deux fils. Un autre fil actionne la bouche et se fixe après la barre qui relie les caoutchoucs, pour éviter l'encombrement en haut. Les fils 1 sont fixés aux jambes et les fils 2 aux bras. Pour éviter toute confusion dans ces fils, la tringle de suspension est peinte avec des couleurs variées : le rouge correspondant aux bras, le bleu aux jambes, le blanc à la tête, etc. D'autres fils supplémentaires peuvent être ajoutés au gré de l'opérateur pour des fonctions diverses. Un seul fil partant de la tringle de suspension peut également se diviser en plusieurs fils fixés à différentes parties de la marionnette et donner par le même tirage plusieurs effets.

Aux mains de Dicksonn, leur constructeur, ces marionnettes sont véritablement curieuses, car il n'y a point de mouvement qu'il ne puisse leur faire exécuter. Voici comment elles sont fabriquées :

La tête, qui possède une mâchoire articulée, est fixée au torse par un double piton ; le torse et le bassin, faits d'une simple planchette, sont reliés entre eux par une bande de cuir épais ; les jambes, liées au bassin par deux languettes de cuir, sont à charnière de bois pour les genoux et pour les pieds ; enfin les deux parties composant le bras sont associées par des pitons entrelacés ; elles sont reliées aux omoplates par le même procédé de liaison. Ainsi conçus et exécutés, ces petits personnages sont d'une élasticité parfaite.

On peut se rendre compte, **par cette description, de** l'ingéniosité qui préside à la **fabrication d'une** marionnette à fils. C'est un véritable **instrument de** précision qui peut reproduire toutes les **attitudes** humaines, mais il faut, pour le faire **fonctionner** convenablement autant, d'habitude et de **virtuosité** qu'un violoniste en met à faire vibrer les cordes de son instrument. L'amateur qui voudrait, **sans** étude préalable, manœuvrer ces poupées **perfec**tionnées, n'obtiendrait aucun bon résultat et **ris**querait de brouiller **tous** les fils sans réaliser aucun mouvement vraisemblable. Un certain apprentissage est nécessaire si l'on veut devenir **bon** marionnettiste.

Si maintenant nous arrivons aux « marionnettes à main » ou pupazzi, qui se fabriquent de **diffé**rentes tailles, de même que les fantoches, de manière à **être** en rapport avec les décors au **milieu** desquels ils se meuvent, rappelons qu'ils sont constitués par un sac en étoffe fermé en haut par une tête en bois ou en carton moulé, plus ou moins grosse, et ouvert en bas afin de permettre l'introduction de la main. Deux tuyaux coniques de même étoffe que la robe à laquelle ils sont cousus, et intérieurement consolidés par des cornets de carton ou de bougran, représentent les bras : ils se terminent par des morceaux de bois découpés rappelant approximativement des mains humaines. L'opérateur enfonce sa main jusqu'au poignet dans l'intérieur du sac ; il engage son index dans le vide intérieur de la tête, son pouce et **son** médius dans les tuyaux des bras, et par les seuls mouvements de ces trois doigts, il communique tous les mouvements qu'il désire au **personnage**.

« Les personnages de ce genre de théâtre, avons-nous écrit dans notre brochure sur ce sujet [1], sont presque toujours les mêmes dans les différentes pièces constituant le répertoire de Guignol. Le nombre des acteurs peut donc être limité, et d'ailleurs, en modifiant l'habillement ou la coiffure des marionnettes, on peut leur faire jouer des rôles différents. Avec seize guignols, on aura déjà un assortiment suffisant pour la plupart des pièces. S'il s'agit d'un théâtre de moyennes dimensions, on désignera ces acteurs sous les noms suivants :

Polichinelle	Le médecin
Guignol père	Le gendarme
Guignolet, son fils	Le bourreau
Cassandre	L'auvergnat
Pierrot	Mme Polichinelle
Arlequin	La mère Michel
Le juge	La mère Gribiche
Le commissaire	Mlle Popette
Le diable	Madelon

2 figurants.

La meilleure matière en laquelle il convient de tailler les têtes de guignols est le bois de châtaignier, car on peut y sculpter, en forçant les creux et les saillies, les traits d'un visage humain. La sculpture achevée, on peint avec des couleurs vives les sourcils, les lèvres, les cheveux, les oreilles ; les yeux sont faits avec de grosses pointes bien brillantes. Dans le cas où l'on ne peut se procurer des têtes en bois ainsi sculptées et peintes, ni les tailler soi-même, on peut acheter des guignols tout prêts dans les bazars ou chez certains marchands de jouets, ou se procurer des têtes en carton moulé, peint et verni ; mais il faut remarquer que ces dernières têtes, de même que celle en porcelaine peinte, sont beaucoup moins solides tout en coûtant presque aussi cher que les autres. On peut encore recourir à l'usage de poupards en carton à 5, 10 ou 15 centimes, poupards dont on n'emploie que la tête, celle-ci étant séparée du reste du corps au moyen d'une lame tranchante. La section est opérée un peu plus bas que les épaules.

Ces têtes sont ensuite maquillées de manière à leur donner un caractère déterminé. Les cheveux et la barbe seront faits avec de l'ouate, de la peluche, etc., teintes de différentes couleurs et collées aux endroits voulus avec de la colle forte chaude. Les yeux, la bouche, les narines, etc., sont peints avec des couleurs à l'eau. Enfin on varie autant que possible l'aspect de chaque tête, que l'on termine en les recouvrant de coiffures appropriées : casquette, chapeau à haute forme, calotte de velours, et bonnet de linge ou chapeau garni de fleurs, de rubans ou de fruits pour les poupées devant représenter des femmes. Toutefois il faut reconnaître que ce genre de têtes, malgré tout le travail que l'on peut dépenser à les enjoliver, ne font pas, en définitive, autant d'effet, ni non plus autant de service que les têtes de bois.

Les têtes une fois prêtes, on s'occupe des costumes. En premier lieu, on prépare des robes uniformes, en lustrine noire, pour tous les guignols ; les mains, taillées dans une planchette de sapin, sont solidement fixées au bout de manches à l'aide d'une ligature en ficelle bien serrée, et les têtes sont retenues de la même façon ou par une coulisse en gros fil.

— 92 —

Voici quels seront les types et costumes de chaque personnage [1] :

POLICHINELLE : Un habit doré à gros boutons également dorés, cousus tout le long de ses deux bosses. *Coiffure* : un bicorne avec une belle plume.

PÈRE GUIGNOL : Tête à cheveux blancs hérissés, gros nez rouge. *Costume* : paletot à grands carreaux ouvert sur un gilet laissant voir un haut col de chemise.

LE FILS DE GUIGNOL : Tête à cheveux courts sans moustaches. *Costume* : un sarreau bleu serré à la taille ou tunique de collégien avec ceinture de cuir verni. *Coiffure* : une casquette allant avec le costume et fixée à demeure.

PIERROT : Tête blanchie à la gouache, avec de gros yeux fixes. *Costume* : une tunique flottante blanche, avec de gros boutons en étoffe. Ceinture en étoffe, collerette plissée. *Coiffure* : un chapeau pointu, de couleur blanche.

CASSANDRE : Tête à cheveux blancs, gros nez, pas de barbe. *Costumes* : un habit Louis XV de couleur « tabac d'Espagne », jabot et manchettes, et, pour d'autres rôles, redingote « à la propriétaire » ouvrant sur un gilet à ramages. *Coiffures* : dans le premier cas, un tricorne à galons d'or, dans l'autre, un chapeau « tromblon » **très** évasé du haut. Cassandre peut **porter de** grosses lunettes.

LE GENDARME : **Tête comique, cheveux noirs en**

---

1. Extrait de la brochure : Construction du Théâtre Guignol et ses accessoires. A. Lesôt, éditeur.

— 93 —

brosse, énormes moustaches retroussées en croc et forte barbiche. *Costume :* tunique bleue, avec aiguillettes et épaulettes blanches. Ceinturon de cuir jaune, avec sabre et sabretache. *Coiffure :* un bicorne de dimensions exagérées avec cocarde tricolore.

Le Commissaire : Tête rébarbative avec gros yeux. Cheveux gris et favoris en nageoires. *Costumes :* un habit à la française s'ouvrant sur un gilet noir échancré et un plastron. Écharpe tricolore sur le gilet. Ce personnage peut se transformer en juge ou en avocat en recouvrant son habit d'une robe d'avocat avec rabat et hermine sur l'épaule. *Coiffures :* dans le premier cas un chapeau « tuyau de poêle » d'une hauteur exagérée, dans l'autre toque noire à pompon.

L'Auvergnat : Tête à cheveux hérissés et énorme barbe en broussaille, ne laissant voir que les yeux et le bout du nez. *Costumes :* un veston de velours avec une plaque de commissionnaire, ou une blouse bleue. Pas de coiffure.

Le Geôlier : Tête quelconque. *Costume :* un sarrau rouge avec une pèlerine à capuchon. A la ceinture un trousseau de clés.

Le Diable : Tête d'aspect terrible, peinte en vert ou en noir. Perruque laineuse, d'où sortent deux grandes cornes noires. *Costume :* tunique verte semée de langues de flammes rouges. Ceinture faite d'une corde.

Aux personnages femmes, maintenant.

La mère Guignol : Cheveux gris en bandeaux, gros yeux, menton en galoche. *Costume :* caraco à pois, tablier bleu et fichu rouge. *Coiffure :* un haut bonnet de linge à brides volantes.

La mère Michel : Cheveux gris, gros nez rond, lunettes rondes. *Costume :* un peignoir serré à la taille par une cordelière. *Coiffure :* bonnet tuyauté.

La mère Gribiche : Tête comique aux traits accentués, grosses boucles d'oreilles en verroterie. *Costume :* Robe à grands carreaux. Pas de coiffure.

Mlle Popette : Tête de jeune fille. Coiffure à la mode. Robe noire ou en drap foncé, jaquette de drap. Voilette, gants, réticule, etc.

Madelon : Figure commune. Un petit bonnet comme coiffure. Robe à grands carreaux. Tablier à bavette.

Avec ces différents personnages ainsi habillés et dont le trousseau est complété par quelques autres pièces accessoires, telles que houppelandes, manteaux, et surtout chapeaux variés, on aura un noyau de troupe permettant de jouer un certain nombre de pièces.

Si l'on exécute par soi-même le travail de préparation et de maquillage des têtes de guignols, la coupe, l'assemblage et la couture des costumes de chaque poupée sera plutôt du ressort des femmes — mamans ou sœurs de l'impresario, — qui collaboreront ainsi à la confection du matériel théâtral. Les robes à manches, en lustrine noire ou en serge, seront intérieurement doublées, dans les parties correspondant au dos et à l'estomac, par des plastrons en carton mince collés avec de la colle forte et dont le but est de donner de la rigidité aux personnages. C'est par-dessus cette robe ainsi raidie que seront cousus les morceaux représentant le gilet, la redingote, la veste, l'habit ou le corsage. Le col sera fait d'un morceau de calicot, on n'oubliera pas la cravate, et l'on coudra ensuite les parements d'habits : revers, galons, boutons, dessus de poches, etc. Pour les personnages féminins, on doublera le devant du corsage avec de l'ouate et les habillera ensuite comme les autres.

Une partie importante du costume des marionnettes à main est la coiffure. On en préparera un assortiment avec du carton, des étoffes rigides et souples, de la mousseline, des fragments de soie, des plumes. Il faut une série de chapeaux d'homme : tromblons, tricornes, casquettes, et de chapeaux à plumes pour les actrices. On pourra ainsi, selon les pièces que l'on veut représenter, donner aux acteurs les coiffures convenables et on les leur adapte sur la tête. On ajuste ensuite les mains, qui sont taillées dans de petits morceaux de bois découpés de manière à rappeler la forme des mains humaines.

En procédant ainsi, les marionnettes ne causeront qu'une dépense minime. Il n'en est pas de même pour un théâtre de grandes dimensions tel que celui étudié à la fin du chapitre III, qui nécessite, vu l'importance des décors, des personnages ayant une tête beaucoup plus grosse qu'une orange, et qui mesurent au moins 40 centimètres de hauteur. Si ces têtes étaient taillées en plein bois de châtaignier, elles seraient trop lourdes et fatigueraient l'index qui les tient ; il faut alors se procurer des têtes en carton moulé, mais elles sont plus fragiles et plus chères, et, si l'on fait exécuter les costumes par un tailleur, il faut compter une dépense de 6 à 8 fr. par personnage. Toutefois c'est là un chiffre qui n'a rien de comparable avec celui auquel atteignent les merveilles de mécanique que sont certaines marionnettes à fils, beaucoup plus compliquées d'ailleurs.

Les accessoires. — Nous devons encore parler, avant de clore ce chapitre, des accessoires, plus indispensables dans les théâtres de pupazzi que dans ceux de marionnettes à fils. Au premier rang de ce matériel viennent se placer les bâtons, le fameux bâton de Polichinelle et de Guignol, dont ces fameux personnages font un fréquent usage, à la grande hilarité des jeunes spectateurs, puis eiennent les différents ustensiles de ménage et un certain nombre d'autres objets indispensables pour différents jeux de scène.

Il est bien certain que, si l'on se servait, dans les batailles de guignols, de bâtons en bois dur, comme des bâtons de cerceau par exemple, les têtes de ces pantins ne tarderaient pas à être effondrées si elles sont en carton et même à être fort détériorées si elles étaient en bois. Cependant les coups de bâton doivent faire du bruit, car c'est ce bruit qui réjouit surtout les enfants ; aussi pour concilier ces deux conditions le mieux est de préparer des triques d'aspect redoutable, mais inoffensives en réalité. On y arrive en faisant un boudin avec de la paille que l'on comprime et que l'on entoure d'abord de brins de jonc ou de canne disposés longitudinalement, puis de ligatures transversales en ficelles maintenant le tout bien serré. Un manche de batte à tapis usée, coupée à longueur raisonnable, peut également constituer une excellente trique, très bruyante quoique peu susceptible d'abîmer les têtes des pupazzi.

Les ustensiles de ménage qui paraissent le plus

souvent dans les pièces du répertoire de **Guignol** sont les suivants:

Casserole en fer battu	Poêle à frire
Marmite en terre	Lit avec paillasse
Balais et plumeau	Seau Bougeoir et chandelle
Bouteille et verre	Pot de chambre
Cabas de la mère Michel	Fourche du diable
Fusil ou pistolet	Sabre du gendarme

On peut encore ajouter à cette liste une sonnette, une petite trompette, une mallette juste assez grande pour contenir un guignol, un tonneau défoncé, un serpent ou crocodile articulé, et différents autres petits articles de bazar à bon marché et qui tous trouveront leur emploi dans une pièce ou l'autre. La dépense à prévoir est de 3 à 5 francs pour cette partie du matériel.

Mentionnons encore, avant d'en terminer avec les accessoires, la présence d'une *pipe* pour souffler du lycopode ou de la poudre de magnesium sur une flamme de bougie et produire les grandes flammes sans danger accompagnant toute apparition du diable. On peut y adjoindre quelques artifices de salon absolument inoffensifs et que l'on trouve chez tous les artificiers sous les noms de vélo-torpilles, cierges merveilleux, étoiles japonaises, etc. Une feuille de tôle pour imiter le bruit du tonnerre et une grande boîte au lait permettant, en criant dedans, de contrefaire le cri des animaux, complèteront le matériel, et, ainsi outillé, on pourra répéter les pièces de tout genre composant le répertoire du Théâtre Guignol.

CHAPITRE VII

La Représentation.
Comment on joue des Marionnettes à fils et à main

Dans les petits modèles de théâtres de marionnettes, la personne qui manœuvre les personnages minuscules sur la scène doit se dissimuler derrière la construction de manière à ce que le public n'aperçoive pas les mains qui tiennent les tringles de support. Il faut savoir changer sa voix à volonté selon que l'on fait parler tel ou tel acteur, et il est important de savoir par cœur d'avance ce que l'on va leur faire dire et les mouvements qu'il convient de leur faire exécuter. C'est donc un petit apprentissage à faire si l'on tient à ce que l'illusion soit aussi complète que possible.

Lorsqu'il s'agit d'une scène de grandes dimensions, une représentation constitue un véritable travail pour le marionnettiste, lequel se tient avec ses aides sur une passerelle en charpente munie d'un garde-fou, et traversant la scène dans toute sa largeur. Cette passerelle et ceux qui l'occupent doivent, bien entendu, demeurer invisibles aux spectateurs. Le principal opérateur se place donc au milieu de cette espèce de pont surplombant la scène ; il a les deux mains libres et il peut, en se penchant, tenir un fil entre ses dents et en accrocher un autre à sa ceinture. Il fait agir ainsi le personnage principal, tandis que ses aides tiennent les comparses. Les mouvements des acteurs en scène doivent être minutieusement réglés d'avance, afin qu'il y ait une parfaite concordance entre eux et les paroles que ces acteurs paraissent prononcer, et qu'il ne se produise aucun retard, aucune fausse attitude. Ce n'est pas le moment d'avoir des distractions, et il ne faut pas lâcher les fils et laisser choir la marionnette au beau milieu d'une tirade.

Une des principales préoccupations, dans ce genre de théâtre, réside dans la proportion exacte à donner aux personnages et aux accessoires relativement à la grandeur des décors où ils se meuvent. Cette question présente une grande importance. A la rigueur, si un détail choque dans un Guignol, cette imperfection peut être compensée par l'incomparable fantaisie des personnages. Avec les marionnettes à fils, le principal mérite du théâtre consiste dans sa perfection matérielle. Il faut que l'illusion se produise simplement par la vue, sans que l'esprit ait besoin d'y suppléer. C'est pourquoi il est si important de bien proportionner les décors aux acteurs qui évoluent sur la scène. Tout doit être en rapport avec la taille des personnages ; grandeur des maisons, des fenêtres, des portes, des meubles, etc. Si tout est bien combiné, on obtiendra une illusion que ne saurait donner le théâtre de Guignol ordinaire. Dans les premières minutes, dit M. J. M. Petite, les petits personnages conservent encore leurs véritables dimensions, mais, peu à peu, les yeux manquant de points de comparaison, la petitesse des personnages s'oublie, tout semble s'agrandir, le théâtre prend des proportions considérables et, au bout de quelques instants, on croit voir agir devant soi des hommes véritables ou tout au moins des enfants.

Mais si, par maladresse, la main de l'opérateur tenant les fils apparaît, elle semble la main de Gargantua lui-même, une main démesurée et fantastique. Puis, sitôt que l'on comprend la vérité, ce sont les personnages qui reprennent aux yeux leurs dimensions lilliputiennes. Le charme est rompu. C'est pourquoi l'un des points sur lesquels l'ingéniosité des marionnettistes s'est le plus exercé, c'est sur le moyen de dérober aux yeux des spectateurs les fils qui soutiennent les marionnettes et détruisent du même coup toute illusion.

On s'est efforcé de remédier à cet inconvénient de diverses manières. Tout d'abord on a pensé qu'il vaudrait beaucoup mieux, au lieu d'avoir des fils apparents aux extrémités de chaque membre, relier tous ces fils derrière le corps de la poupée et de les faire passer dans une mince tige attachée à son dos. Cela demande malheureusement un mécanisme très délicat. Pour dérober ensuite la tige elle-même, on a imaginé de placer devant la scène, dans toute sa largeur, un réseau de fils très fins bien tendus et suffisamment rapprochés les uns des autres pour que la tige soutenant les pantins se confonde avec eux. Le regard est ainsi dérouté et au bout de quelques instants l'illusion est complète : la tige semble avoir disparu ou du moins on ne la distingue plus parmi les autres fils.

Au lieu d'installer un semblable réseau sur le

devant de la scène, on peut encore le disposer sur la toile de fond, ou, ce qui est plus simple, se servir pour celle-ci d'une étoffe à côtes, aux longues lignes verticales. A distance, les tringles qui soutiennent les fantoches se confondent avec les lignes de l'étoffe.

Pour manœuvrer les marionnettes, le célèbre Prandi se plaçait au milieu du pont et, tenant d'une main la tringle, il faisait de l'autre main mouvoir délicatement les différents fils. Il lui arrivait, se penchant légèrement en avant, de tenir un fil entre ses dents et de remuer la tête pour donner plus de vie à ses personnages. Il parvenait, de cette manière, à leur faire exécuter les « pas de quatre » les plus gracieux. A côté de lui se tenaient deux aides lui passant, à mesure des besoins, les marionnettes. Celles-ci étaient disposées en rang serré, à portée de la main, et suspendues à des rails. La représentation ressemblait beaucoup alors à une espèce de procession, l'exécutant saisissant à sa droite une marionnette, lui fait exécuter des pirouettes ou autres tours, puis la fait disparaître à gauche en la remettant à un autre aide prêt à la recevoir et à la remettre en place son rôle ainsi terminé.

L'un des marionnettistes les plus habiles et qui a le plus émerveillé ses spectateurs est Thomas Holden, qui vint à Paris en 1875. Il excellait dans les tours d'adresse les plus extraordinaires ; il faisait manœuvrer un petit gymnaste avec une incroyable agilité. Il avait aussi un squelette dont les membres un à un se détachaient et se rejoignaient avec une exactitude mathématique, puis une danseuse, un clown, et bien d'autres personnages encore. Mais Holden était plutôt un illusionniste qu'un véritable marionnettiste. Il donnait l'illusion exacte d'êtres vivants, mais il manquait un peu de fantaisie et d'imprévu. Les fantoches de Thomas Holden étaient certainement des merveilles de précision, mais ils s'adressaient aux yeux, non à l'esprit. On les admirait, on n'en riait pas. Ils étonnaient, mais ne charmaient pas.

On peut en dire autant des merveilleux automates des frères de Saint-Genois, qui se sont fait connaître sous les noms, l'un de Dicksonn, l'autre de John Hewelt. Les marionnettes de Dicksonn étaient muettes et il n'en paraissait qu'une à la fois sur la scène ; mais il les avait perfectionnées de telle sorte qu'elles bondissaient avec une élasticité surprenante, faisaient dans les airs des gestes ailés et gracieux. Elles furent exhibées sur le théâtre célèbre de Robert Houdin.

Les marionnettes de John Hewelt, qui imitaient les plus célèbres étoiles des grandes scènes parisiennes et des music-halls, étaient encore plus curieuses à voir et donnaient l'absolue illusion de la réalité.

Pour conclure sur ce sujet et établir une comparaison entre les marionnettes à fils et les marionnettes à mains, on peut dire que les deux présentent chacune leurs mérites particuliers. Les fantoches à fils s'adressent surtout aux yeux et cherchent à les émerveiller soit par l'harmonie et la vérité de leurs mouvements, soit par leurs poses. Ils tiennent aux effets plastiques et les paroles qu'ils prononcent n'ont qu'une importance secondaire. Pour eux, le comble de l'art c'est de reproduire exactement, de copier minutieusement les gestes des hommes. C'est pourquoi ils apparaissent toujours somptueusement habillés dans des pièces à grand spectacle, où les décors eux-mêmes ont de l'importance afin de mieux donner l'illusion de la réalité. Ils apparaissent dans des féeries où leurs mouvements légers font croire qu'on rêve, dans des opéras où leurs poses harmonieuses ont le temps de se faire valoir, pendant la lenteur des chants, dans des parodies d'opéras où ils peuvent s'ingénier à reproduire les gestes des plus célèbres chanteurs. Danseurs infatigables, ils excellent dans l'art du ballet.

Les marionnettes à mains, elles, rattrapent en esprit ce qu'elles perdent en beauté. Encore qu'elles soient alertes, elles surpassent leurs gambades par leurs facéties et leurs bons mots. Ce sont des fantaisistes qui demandent des dons de plaire à l'imagination et à l'esprit. Toutefois les unes et les autres donnent également l'illusion d'assister à des scènes de la vie réelle. Est-on depuis dix minutes devant l'un de leurs théâtres, qu'on ne peut plus s'en détacher. Insensiblement, par une transformation mystérieuse, les pantins de bois ou de carton semblent s'être changés en êtres humains, on croit voir leurs yeux briller et leurs lèvres s'ouvrir pour laisser passer leurs paroles.

Voici maintenant quelques conseils pratiques, que nous tirons de notre propre expérience en ce qui concerne la représentation avec marionnettes à mains ou guignols.

L'opérateur et son aide seront commodément assis sur un banc disposé en travers du théâtre, banc dont la hauteur sera telle que les spectateurs ne puissent apercevoir le sommet de la tête des personnes occupant l'intérieur du théâtre. De cette façon, les bras se trouveront à la hauteur convenable et l'on ne se fatiguera pas trop à les tenir levés ; on pourra d'ailleurs les appuyer de temps à autre contre le rebord intérieur du soubassement de la scène, pendant un dialogue entre deux personnages par exemple.

Afin de ne pas perdre un temps précieux dans les changements de décors et de personnages, ainsi que dans la recherche des divers accessoires prévus dans le cour de la comédie, il faudra tout préparer d'avance pour chaque pièce que l'on veut jouer. Le théâtre ayant été dressé à l'endroit qui lui est assigné, on met en place l'une derrière l'autre les toiles de fond, puis les coulisses, les frises, les praticables du premier tableau, puis, la décoration étant agencée, on descend le rideau d'avant-scène et on ouvre les trappes-réflecteurs du plafond si l'on n'a pas la lumière électrique.

Les personnages devant figurer dans la pièce sont habillés puis accrochés la tête en bas, par l'agrafe du bas de la robe, à une ficelle tendue entre les montants.

Voici quelques conseils pratiques pour jouer des pupazzi que nous emprunterons à l'ouvrage si attrayant de M. Petite :

Dès que le personnage apparaît sur la scène, il s'agit de lui donner l'illusion de la vie. Pour cela, il ne faut jamais le laisser immobile ; dans sa petite personne, toujours quelque chose doit remuer ; la tête ou les bras doivent s'agiter.

Un de ceux qui ont su le mieux faire mouvoir les marionnettes fut un lyonnais nommé Pierre

Rousset. Il faut lui entendre expliquer sa façon de jouer.

« Dans les passages émouvants, quand Guignol faisait pleurer, j'avais des frissons dans les doigts. Tout le monde me disait : « Il vit, votre Guignol, il vit ! » Il faut avoir une bonne voix bien flexible, capable tour à tour de joies et de larmes, mais surtout il faut avoir de l'émotion dans les doigts. Je me souviens qu'un soir je fis rire mon public pendant plus de cinq minutes sans dire un mot, rien que par les gestes seuls de Guignol regardant partir Madelon après une scène orageuse ».

A l'instar de ce véritable artiste, il faut donc s'efforcer de faire vivre ses personnages. Il ne faut pas craindre d'exagérer les gestes, d'élever désespérément les bras et de les coller derrière la tête avec les marques de la plus vive affliction, de faire rentrer et ressortir les épaules de la façon la plus comique. C'est ainsi qu'on arrive à faire croire aux spectateurs qu'ils ont devant eux des artistes vivants.

Au bout de quelques minutes, ceux-ci croient voir les lèvres s'entr'ouvrir, les yeux s'animer. Comme les décors sont proportionnés aux acteurs, les spectateurs finissent par perdre la notion de leur petitesse ; ils s'imaginent avoir devant eux des hommes vivants ; c'est une vision fantastique, car les mouvements ont une rapidité singulière ; les bras exécutent des moulinets invraisemblables, et parfois les yeux semblent hagards. A tout cela vient s'ajouter le tremblement naturel de la main dressée, qui, mieux que tout, donne la vie à la marionnette, et aussi les inflexions singulières des voix des personnages, lorsque l'opérateur parle avec l'espèce de sifflet nommé *pratique*, que la langue maintient appliqué contre le palais en parlant. Toutefois l'usage de cet instrument, vulgairement appelé *voix de Polichinelle*, demande une certaine habitude, et dans les débuts on risque souvent de l'avaler.

Bien qu'une grande qualité du montreur de pupazzi soit d'être capable d'improviser les dialogues entre les acteurs en scène, nous sommes d'avis que, pour des comédies de quelque importance, il est préférable d'apprendre le texte dans la brochure et de faire plusieurs répétitions préalables, exactement comme l'on fait dans les grands théâtres, jusqu'à ce que tout soit mis au point et qu'il n'y ait plus à redouter d'accrocs que le public, toujours caustique et railleur, ne manquerait pas de relever. Il vaut mieux, quand il s'agit d'une pièce comportant plusieurs actes, se donner la peine de se mettre les paroles à prononcer dans la mémoire, et ne pas se fier à l'inspiration du moment pour suppléer à un oubli quelconque qui peut toujours se produire et faire un très mauvais effet. Il n'y a guère que pour les bouffonneries à deux personnages que l'on peut, si l'on a la langue bien pendue et un peu d'esprit, se fier à sa seule imagination pour combiner des répliques et des jeux de scène capables de dilater la rate des spectateurs.

CHAPITRE VIII

Le vrai théâtre

Jusqu'à présent tous les acteurs que nous avons vu évoluer sur les scènes en réduction dont la construction a été expliquée dans les chapitres de ce livre, ont été des poupées manœuvrées par des opérateurs invisibles à la vue des spectateurs. Nous devons, pour être complet et épuiser le sujet, donner quelques indications sur la construction d'une véritable scène de théâtre où des jeunes gens pourront représenter de petites saynètes, et même de véritables comédies, à l'instar des acteurs professionnels.

La première condition à remplir pour un théâtre d'amateurs, est de se trouver surélevé par rapport au plancher de la salle où se tiendra le public. Il faudra donc aménager en premier lieu une espèce de plate-forme ou d'estrade, qui devra se trouver 80 centimètres ou 1 mètre plus haut que la salle de théâtre. On y parviendra en disposant sur une série de tréteaux de la hauteur voulue des planches juxtaposées, de manière à former un parquet dont les lames seront assujetties à leurs deux extrémités par des traverses clouées, ou, mieux, pourvues de boulons afin de permettre un démontage ultérieur de ce plancher.

Ce premier travail achevé, on s'occupera de l'encadrement de la scène, et, dans ce but, on préparera trois châssis de toile que l'on peindra pour représenter deux panneaux surmontés d'un fronton. Ces trois pièces seront ajustées et réunies l'une à l'autre par des verrous en fer disposés sur la face intérieure. Comme cet assemblage manquerait un peu de rigidité, on pourra consolider cette construction en faisant appuyer les deux panneaux de droite et de gauche contre des montants en bois de la hauteur voulue, traversant le plancher de la scène et reposant sur le parquet de la salle par l'intermédiaire d'une semelle de bois renforcée par de petites contrefiches à droite et à gauche. Des ferrures en U relient les panneaux à ces deux espèces de mâts.

Supposons que l'on veuille établir une scène mesurant 3^{m}5o d'ouverture et 2^m de haut entre le plancher et les frises. Les lames de bois constituant le parquet devront avoir 4^{m}5o de longueur, et, comme elles mesurent ordinairement 32 centimètres de large, il en faudra 3o, pour une profondeur de scène de 3^{m}6o. La surface totale du parquet de scène sera de 13 mètres carrés, très suffisante pour recevoir au moins six acteurs à la fois.

La décoration se composera d'un plan de coulisses et d'une toile de fond.

Les portants, contre lesquels s'appuieront les toiles peintes des coulisses, seront faits de la même façon que les supports de l'encadrement de la scène, c'est-à-dire de deux montants à semelle traversant le plancher et s'élevant jusqu'à la hauteur voulue ; les châssis des coulisses s'attacheront à ces mâts par des ferrures identiques à celles qui ont déjà été décrites. De cette façon, l'assemblage présentera une suffisante solidité.

Fig. 40. — Théâtre d'amateurs.

Les châssis constituant la façade du théâtre ne seront pas placés juste à l'aplomb de la première feuille de parquet de la scène, mais à environ 60 centimètres en arrière. Les coulisses seront ensuite dressées à 1^{m}50 plus loin, ce qui laissera encore un espace de 1^{m}50 entre ces coulisses et la toile du fond. C'est entre ces deux plans que sera placé l'escalier donnant accès à la scène.

D'après les dimensions données pour l'ouverture de la scène, la toile de fond devra mesurer 4 mètres de largeur et 2 mètres de haut, soit 8 mètres de superficie. Ce sera également la grandeur que devra présenter le rideau d'avant-scène. Ces deux rideaux seront préparés avec de la toile de bonne qualité, en 120 de largeur, dont on réunit plusieurs lés que l'on coud à la machine pour les assembler. On exécute ensuite la peinture du décor en reportant d'abord le dessin à l'aide du pantographe d'après un modèle choisi ou en dessinant directement sur la toile si l'on connaît les règles du dessin, et on brosse ensuite les couleurs suivant les procédés habituels des peintres décorateurs. La peinture une fois sèche, on procède au montage, consistant à clouer le haut et le bas de la toile peinte sur un bastin de la longueur voulue. Le rideau d'avant-scène doit être cloué, non sur un bâton de section rectangulaire, mais sur un rouleau de bois de 7 ou 8 centimètres de diamètre renforcé par des anneaux de fer placés de distance en distance pour lui donner davantage de résistance. Un ourlet est ménagé à la base et contient un bastin ou perche ayant pour but de bien tendre la toile lorsque le rideau est descendu.

Le rouleau du haut est supporté, à ses deux extrémités, par des consoles en bois fixées aux murs de droite de gauche ou aux montants de support de l'encadrement de l'avant-scène. Le bras de cette console ou potence porte une ferrure en U recevant le bout du rouleau.

Pour lever ou descendre le rideau avant et après

le spectacle, on muni l'un des bouts du rouleau, du côté situé en dehors d'une console, d'une poulie à gorge à joues en zinc, sur laquelle s'enroule une corde de longueur convenable. Il faut penser à ménager un taquet au support d'avant-scène pour attacher la corde lorsque le rideau est relevé, afin de le maintenir dans cette position et l'empêcher de retomber intempestivement pendant la représentation.

Si l'on se contente d'un seul décor pour cette scène d'amateurs, ce décor pourra représenter, soit l'intérieur d'un salon, soit une terrasse, ou tout autre sujet, mais le premier est d'un usage plus fréquent pour la plupart des comédies que l'on pourra entreprendre de jouer sur ce minuscule *plateau*.

Au cas où l'on voudrait avoir une porte praticable dans le décor, pour l'entrée et la sortie des acteurs, il faudrait monter la toile sur un châssis en menuiserie en forme de cadre de la grandeur de la scène, consolidé par des traverses, des montants et des croix de Saint-André. La porte sera à deux battants, s'ouvrant à l'intérieur de la scène, mais il faudra alors agencer en arrière et à une certaine distance de cette porte une toile quelconque donnant l'impression d'un mur et laissant l'illusion que la porte s'ouvre sur un vestibule. C'est par là que les acteurs pourront alors faire leur entrée et leur sortie, au lieu de pénétrer par l'une des coulisses.

Si le décor représente un salon, on pourra meubler la scène après avoir dissimulé le parquet sous un tapis de grandeur convenable. On pourra agencer une fausse cheminée au premier plan, avec garniture *ad hoc*, et répartir quelques meubles : chaises, fauteuils, canapé, bergère ou sofa, table, etc., selon les nécessités de l'action à représenter. Tous ces objets seront empruntés au matériel de l'appartement.

La question de l'ameublement de la scène une fois réglée, il faut songer à celle de l'éclairage, qui présente une très grande importance, comme d'ailleurs pour tous les genres de théâtres. Si l'habitation ou la salle transformée en théâtre est munie d'une canalisation de gaz ou d'éclairage électrique, rien n'est plus aisé à réaliser. Autrement, on devra se contenter de lampes à pétrole installées sur le plancher de la scène et dont la lumière sera masquée du côté du public et reflétée du côté des acteurs par une planche clouée verticalement tout le long de la première lame du parquet, et revêtue, sur la face tournée vers la scène, d'une feuille de clinquant ou de fer blanc faisant office de réflecteur.

Si l'on peut avoir la lumière électrique, on montera une douzaine de lampes de 16 bougies sur des patères en bois, vissées à distances régulières tout le long d'une planche qui sera posée sur la première lame du parquet de scène et réunie par des équerres à une autre planche verticale doublée de fer-blanc comme précédemment. On aura ainsi une rampe qui éclairera très bien les acteurs.

Mais il est nécessaire d'éclairer en même temps le décor et surtout la toile de fond. Le mieux sera de disposer au-dessus du rideau d'avant-scène, sur deux consoles spéciales, une traverse en bois portant 8 ou 10 lampes, puis derrière les portants des coulisses une planche réflecteur avec 6 lampes.

De cette façon, la peinture se trouvera brillamment illuminée par cette herse disposée en travers de la scène, et par les deux portants dardant leur lumière dans la direction de la toile de fond. Il ne se produira aucune ombre portée. Si l'on trouve cet agencement un peu compliqué, on pourra lui substituer tout simplement un lustre, à six lumières au moins, ou un plafonnier suspendu au centre de la scène et suffisamment haut pour que les acteurs ne risquent pas de le heurter de la tête pendant leurs évolutions du côté *cour* ou côté *jardin*.

Maintenant quel est le prix de revient d'une semblable scène d'amateurs, étant supposé que l'on est obligé d'acheter tous les matériaux entrant dans la construction, la question d'éclairage et d'ameublement étant réservée. D'après les évaluations auxquelles nous nous sommes livré, on peut l'estimer à la somme suivante :

Plancher de scène : 30 feuilles de parquet de 4ᵐ50, soit 135 mètres à 0.28 le mètre.................	37.80
Tréteaux : 12 à 3.75.........................	45 »
Portants à semelle : 4 à 7.50.................	30 »
Châssis d'avant-scène, coulisses et toile de fond, 70 m. à 0.20...............................	14 »
Toile à peindre. 32 m. en 1ᵐ20 de large, à 1.80..	41.60
Bastins pour rideau de fond. Rouleau avec poulie pour rideau d'avant-scène......................	12.60
Consoles, ferrures, cordes, peinture, accessoires.	19 »
Total..........	210 fr.

Tel est le prix de revient des matériaux entrant dans la construction de la scène en miniature, étant entendu que l'on exécute soi-même tout le travail de menuiserie, de peinture, montage et assemblage. Autrement, si l'on commande l'ajustage à des ouvriers, il faut majorer sensiblement ce total pour rémunérer ces derniers, et alors le théâtre peut coûter 3oo à 4oo francs, et encore faut-il compter l'installation de l'éclairage en sus de cette somme.

Lorsqu'on ne veut pas se lancer dans des dépenses aussi élevées et qu'on prévoit n'avoir besoin d'une scène que pour une seule et unique représentation, on peut se borner à louer le matériel complet chez certains spécialistes. Notre dessin (Fig. 4o) représente la façade d'un théâtre de ce genre, le rideau levé. La scène mesure 6 mètres de largeur, les coulisses de 1^{m}5o de largeur chacune, comptées, et 3 mètres de hauteur. Suivant les dimensions des salons où cette scène doit être installée, on peut restreindre à volonté la largeur ou la hauteur et les ramener à l'espace dont on dispose, car les côtés se replient sur eux-mêmes. Ce théâtre avec rideau d'avant-scène et quatre décors représentant un salon, une chaumière, une place publique et un jardin peut être expédié emballé, sous un très petit volume et accompagné d'une notice explicative pour le montage. Le prix de la location est de 120 francs, transport aller et retour en sus.

Voici encore, d'après un spécialiste compétent, M. Richard Mounet, comment on peut concevoir l'agencement d'un théâtre pour représentations en famille, et sans que les dépenses en soient trop élevées.

« Au premier abord, rien n'apparaît plus aisé que de transformer en salle de spectacle la pièce la plus vaste de la maison. Malheureusement, il n'en va pas ainsi dans la pratique et le choix de l'emplacement est de première importance à cause des exigences de la mise en scène. Quand on habite quelques-unes de ces maisons modernes où la salle à manger communique avec le salon par une baie vitrée on a, créé par l'architecture même du lieu, un emplacement extrêmement favorable. La baie de communication constitue un cadre merveilleux à notre scène et, qui plus est, un cadre de justes proportions avec les dimensions du logis. Quelques motifs de décoration théâtrale habilement exécutés le transformeront en parfaite ouverture de scène dans le goût de celle que représente notre gravure.

« Les spectateurs auront leurs places tout naturellement dans le salon pendant que la salle à manger sera occupée par la scène et par ses dépendances : coulisses, loges et foyer des artistes. On appelle foyer des artistes, l'endroit où ceux-ci se réunissent en attendant le moment de leur entrée en scène. Quelle que soit l'organisation à laquelle nous nous arrêterons, nous devrons toujours aménager un foyer en raison des exigences de la mise en scène et spécialement pour les entrées et les sorties des acteurs.

« Si fréquente que soit actuellement l'heureuse disposition dont nous venons de parler, elle est cependant loin d'être générale, sans compter qu'on ne demeure pas uniquement dans les maisons de construction récente. Ailleurs notre choix portera, autant que possible, sur une pièce assez grande et pourvue de deux entrées, dont l'une sera spécialement affectée au service de la scène. Si cette condition même était irréalisable, on aviserait à y suppléer par une organisation de fortune. L'important est que la pièce ait de telles dimensions qu'on y puisse dresser un plateau suffisant pour faire évoluer trois ou quatre personnages dans le décor qui y sera disposé.

« Ces difficultés disparaissent d'elles-mêmes dès que nous installons notre théâtre en plein air. Pourtant nous aurons tout avantage à appuyer notre scène contre un mur, et cela principalement pour des raisons d'acoustique. Qui n'a entendu parler du fameux mur du théâtre antique d'Orange. Les voix des récitants viennent y frapper et il les renvoie naturellement vers l'auditoire. En effet, l'évaporation de la voix est ce qu'il y a de plus à craindre quand on joue en plein air. Les comédiens grecs y remédiaient en se servant de porte-voix. Dans le spectacle en plein air, rien ne contient la voix, ni plafond, ni muraille, en sorte qu'elle se répand et risque de ne parvenir que très affaiblie aux oreilles du spectateur si on ne lui offre un obstacle contre lequel elle rebondit. L'utilité du mur apparaît donc incontestable, et dans un jardin rien n'est plus facile à trouver que ce mur, devant lequel, cette fois, il se passera quelque chose.

« Mais, pour un inconvénient presque toujours facile à éviter, de combien d'avantages n'allons-nous pas bénéficier en nous installant au jardin. Ici, rien qui limite les dimensions du *plateau*, en argot de coulisses ; rien non plus qui nous empêche d'aider à l'illusion théâtrale, en plaçant la scène à une hauteur convenable au-dessus du sol, alors que dans la maison nous serions condamnés à ne faire qu'une estrade élevée de 30 à 40 centimètres. Cette élévation du plateau permettra d'en machiner les dessous, de manière à y planter solidement les fermes des décors sans avoir recours aux artifices qui, autrement, seraient nécessaires, partant, on pourra jouer des spectacles plus importants : deux, trois, quatre actes, sans être arrêté par les difficultés de leur mise en scène.

« Et cependant quel ne serait pas notre bonheur si nous trouvions un hangar dans ce jardin ! Un hangar, c'est l'emplacement rêvé, et nous aurions promptement fait de le transformer en théâtre de famille. Acteurs et spectateurs s'y trouveraient à l'abri des intempéries, et on ne serait pas contraint, en cas d'orange subit, ou de suspendre la représentation ou de l'achever en ouvrant des parapluies, comme cela s'est vu parfois. Grâce au hangar, nous pourrions, tout comme Louis XV à Versailles, ou les grands seigneurs du XVIIIe siècle, posséder à demeure notre théâtre à nous et chez nous.

« Par leur nature même ces trois emplacements différents exigent une construction différente du plateau. Quand nous aurons affaire avec l'intérieur de l'appartement, nous devrons construire une manière d'estrade mobile dont l'élévation au-dessus du parquet sera proportionnelle à la hauteur du plafond et variera entre 0^m30 et 0^m50, selon que le plafond mesurera entre 27^m5 et 3^m60 de hauteur. Cette estrade devra être légèrement inclinée de l'arrière à l'avant, inclinaison ayant pour but de corriger les effets de la perspective quant aux spectateurs, ces effets se trouvant en ce cas réduits à leur minimum de déformation possible. Rien n'empêche, et ce serait même avantageux, de construire cette estrade en deux ou trois parties juxtaposables qui marqueraient tout naturellement les plans de la scène.

« Ainsi que pour son élévation au-dessus du parquet, ses dimensions de l'arrière à l'avant seront proportionnées à la longueur, de façon à laisser un certain espace entre l'avant-scène et le premier rang des spectateurs, parce qu'il est de toute nécessité, pour l'illusion théâtrale, que la séparation soit absolue entre les acteurs et les spectateurs.

« Le plateau reposera donc sur des tréteaux très bas, creusés de mortaises dans lesquelles s'enfonceront les tenons des supports sur lesquels les décors seront équipés, les dits tenons, descendant jusqu'aux traverses des tréteaux, y seront assujettis au moyen de clavettes. A l'intérieur des appartements les bords des plateaux effleureront les murs contre lesquels s'appuiera l'encadrement de la scène qui, en haut, s'élèvera jusqu'au ras du plafond, de sorte que nous aurons, décorativement et réellement, la parfaite apparence d'un théâtre fixe. L'encadrement de la scène sera posé un peu en arrière du bord du plateau, de manière à se réserver en avant du rideau l'espace de l'avant-scène.

« Quant aux tréteaux supportant le bâti, on les masquera tout simplement à l'aide d'une bande décorative allant d'un côté à l'autre de la scène et ayant pour hauteur les 3o à 5o centimètres séparant le plateau du plancher.

« L'installation du rideau est également très simple. Sur une tringle dissimulée par la partie supérieure de l'encadrement de la scène, on tend deux rideaux de peluche de coton, ou autre tissu lourd pouvant former des plis harmonieux, et qui se rejoignent au milieu de l'ouverture de la scène, puis on fixe des cordons de tirage plus bas que le milieu, en hauteur, de manière qu'en agissant sur ces cordons, les rideaux se relèvent ensemble. Inutile de dire que le système de tirage utilisé par les tapissiers est ici d'un usage tout indiqué.

« Les nécessités de la perspective, qui exigent l'obliquité des parois du décor, nous garantissent de toute détérioration des murs de notre appartement, contre lesquels seront très légèrement appuyés les étais indispensables à l'équipement des décors.

« Nous voici donc en possession du bâti de notre théâtre. Comme cela est remarquable il ne se compose que de matériaux extrêmement légers, d'un ajustement et d'un établissement aussi faciles que pratiques et, ce qui n'est pas à dédaigner, aisément logeable quand on ne s'en sert pas. Rien de plus simple à trouver dans une maison qu'un recoin où poser debout nos quelques étais dont la longueur varie entre deux ou trois mètres, les deux ou trois parties de notre plancher et nos humbles petits tréteaux. Il y a bien aussi des décors mais nous verrons en temps et lieu que nous transformerons sans peine un placard quelconque en un merveilleux magasin de décors, pour ce qui est des accessoires ils trouveront leur place tout naturellement dans l'appartement puisque c'est là que nous irons les chercher selon nos besoins.

« Mais quand nous installerons notre théâtre en plein air nous aurons tout naturellement à en consolider la fragilité si nous ne voulons pas qu'un coup de vent nous le renverse comme un frêle château de cartes. Hé bien ! nous l'attacherons au sol avec des cordes, lesquelles seront tendues du bout des étais à un pieu enfoncé en terre. Cela nous rapprochera des théâtres forains, mais qu'importe !

« Dans la paroi intérieure nous ménagerons une porte pour la sortie des acteurs qui n'auront plus à faire sur le théâtre et nous aurons tout intérêt pour conserver absolument nos illusions à dissimuler à la fois et notre porte et nos cordes par des arrangements de plantes en bouquets ou tout autre artifice décoratif.

« Mais si nous disposons d'un hangar, à nous les architectes, les menuisiers, les décorateurs, tous les gens de bonne volonté ! Ce n'est pas un théâtre éphémère que nous allons construire mais un théâtre durable et définitif, un théâtre sur lequel nous pourrons planter des décors plus compliqués que les quatre murs d'un salon sur la toile desquels la cheminée, la glace et la bibliothèque ou tout autre meuble seront peints en trompe l'œil faute de place pour mieux, un théâtre ùo nous pourrons faire évoluer plus de trois personnages sans risquer de crever les murailles ou de s'enfoncer dans la bibliothèque dont nous venons de parler, un théâtre enfin sur lequel nous pourrons répéter régulièrement et pourtant qui nous permettra de tenter la représentation aussi bien des chefs-d'œuvre classiques que des derniers succès de nos grandes scènes. Un hangar permet toutes les ambitions et si l'édification matérielle de notre scène nous demande plus de temps et plus de travail nous ne nous en apercevrons guère, étant soutenus par de plus grandes espérances !

« Nous aurons donc à édifier notre plateau sur des tréteaux ou mieux sur une charpente fixe dont la construction, aussi simple que possible, s'adaptera comme architecture et comme solidité à nos nouveaux besoins. L'élévation de la scène variera de 1 mètre à 1^{m}25 au-dessus du sol. De l'avant à l'arrière nous en diviserons le plateau en quatre plans y compris l'avant-scène, lesquels plans seront séparés par des intervalles de trois à quatre centimètres dans lesquels seront engagés les fermes de nos décors.

« En raison de ces nouvelles proportions notre scène va nous obliger à lui fournir un éclairage particulier. Nous adopterons naturellement l'éclairage électrique que nous procureront aisément quelques piles susceptibles d'alimenter le nombre de lampes nécessaires. Nos piles seront dissimulées dans nos dessous et par leur mobilité nos lampes nous permettront d'obtenir tous les effets d'éclairage dont nous pourrons avoir besoin et dont nous serons appelés à parler quand nous nous entretiendrons de la mise en scène.

« Possesseur d'une aussi merveilleuse installation nous ne nous bornerons plus à présenter à notre public une saynète couronnant les parties musicales et récitatives d'un concert familial ; nous nous hausserons jusqu'à l'interprétation d'œuvres complètes et nous aurons alors besoin d'un souffleur qui nous garantira contre nos défaillances de mémoire. Nous lui ménagerons donc, dans la courbe de l'avant-scène, sa petite boîte mystérieuse où il sera mieux installé que dans les coulisses d'où sa voix est généralement aussi bien entendue de l'acteur que du spectateur.

« L'encadrement et la décoration extérieure de la scène pourront entraîner une manière de décoration intérieure de notre hangar que nous transformerons rustiquement en salle de spectacle. Mais ceci n'est point une cause de souci immédiat. La construction de la scène est actuellement la plus importante et la plus nécessaire des décisions que nous ayons à prendre si nous voulons fermement établir un théâtre chez nous.

« Tout projet comprend une partie financière dont il faut bien s'occuper. Voici donc quelques chiffres. Nous pensons, nous sommes même intimement et expérimentalement convaincus que l'établissement d'une scène transportable du modèle indiqué par notre dessin ne dépasse pas la modique somme de vingt à trente francs et encore en n'utilisant aucun des bois disponibles, vieilles caisses, liteaux, etc., etc., qui se trouvent toujours oubliés dans quelque fond de cave ou de grenier. L'amenuisement et l'ajustement des pièces n'ayant pas besoin d'être raffinés, chacun pourra aider à leur établissement pour économiser la main-d'œuvre et dégrever le budget directorial.

« Pour ce qui est de l'aménagement du hangar peut-être faudrait-il doubler la somme, mais cela suffirait amplement si l'on obtenait la collaboration de professionnels pour le travail du bois comme je l'ai vu faire à maints endroits où de pareilles scènes étaient installées. En tous cas, il est toujours aisé de trouver en province un ouvrier qui, à temps perdu, se chargerait d'accomplir cette besogne à fort bon compte.

« Et maintenant que les architectes et les artisans du théâtre de famille se mettent à l'ouvrage, que ceux-ci se procurent les matériaux nécessaires à la construction du plateau pendant que les autres en établissent le plan en harmonie avec l'emplacement choisi ! »

Ainsi conclut M. Richard-Mounet sur ce sujet si intéressant de la construction des théâtres de famille, et nous sommes pleinement d'accord avec lui pour encourager les jeunes gens, les élèves des pensionnats et écoles où l'on organise, pour augmenter l'intérêt de certaines fêtes ou solennités, à suivre ces conseils et procéder eux-mêmes à l'édification, sans grands frais, d'une scène réduite où ils pourront s'exercer à la déclamation et à l'art dramatique. L'esprit et la main étant tous deux occupés, l'avantage sera double, ainsi on aura joint l'*agréable à l'utile* selon la recommandation du poète, et fait en s'amusant l'apprentissage d'une foule de métiers différents.

FIN

TABLE DES MATIÈRES

Chapitres		Pages
Ier. —	Les représentations théâtrales enfantines..................	5
II. —	Construction d'un petit théâtre de marionnettes...........	11
III. —	Construction des théâtre Guignol	27
IV. —	Les décors pour théâtres de marionnettes et de guignols....	48
V. —	L'éclairage des petits théâtres ..	64
VI. —	Fabrication des marionnettes et guignols.................	80
VII. —	La Représentation. — Comment on joue des Marionnettes à fils et à main	98
VIII. —	Le vrai théâtre.................	107

EXTRAIT DU CATALOGUE

MANUELS UTILES

701 702 M. Decrespe. — *Électricité*, applications domestiques et industrielles............ 2 v.
703 H. de Graffigny. — Le jeune Électricien amateur 1 v.
704 L. Tranchant. — Manuel du Photogr. amateur.. 1 v.
705 H. de Graffigny. — Manuel du Cycliste........ 1 v.
706 Audran. — Traité de danse. — Cotillon......... 1 v.
707   -   Traité de politesse. — Les Usages et le Savoir-vivre................ 1 v.
7 M. Decrespe. — Le petit Cycliste amateur...... 1 v.
709 Pierre Deloche. — Traité de pêche à la ligne... 1 v.
710 Madame X... — Cuisinière des petits ménages.. 1 v.
711 E. Ducret. — Pâtissière des petits ménages.... 1 v.
712   —   Boissons et Liqueurs économiques des petits ménages........... 1 v.
713   —   Recettes économiques des petits ménages................... 1 v.
714 L. Tranchant. — Le petit Jardinier amateur... 1 v.
715 A. Ducos du Hauron. — Photographie des couleurs 1 v.
716 E. Ducret. — Le Secrétaire enfantin............ 1 v.
717   —   Le Secrétaire des Cœurs aimants.. 1 v.
718   —   Le Secrétaire pour tous.......... 1 v.
719 G. Albert. — Manuel du Pâtissier-Biscuitier... 1 v.
720 E. Ducret. — Manuel complet de Cuisine ...... 1 v.
721 J. Quillon. — Manuel de Gymnastique .... 1 v.
722 H. de Graffigny. — Manuel pratique du Conducteur d'Automobiles.................. 1 v.
723 Ch. Lafont. — Le Livre d'or des Ménages...... 1 v.

Chez tous les libraires : 0 fr. 20 — Franco-poste : 0 fr. 25

EXTRAIT DU CATALOGUE

ŒUVRES DE PAUL FÉVAL

1 2	Le Fils du Diable............................	2 v.
3 4	Les Marchands d'argent......................	2 v.
5 6	Les Trois Hommes rouges.....................	2 v.
7 8	La vengeance de Bluthaupt...................	2 v.
9	Ceux qui aiment.............................	1 v.
10	Haine de races..............................	1 v.
11 12	Le Cavalier Fortune.........................	2 v.
13 14	Chizac-le-Riche.............................	2 v.
15	Le Vulnéraire du Dr Thomas...............	1 v.

Les Parents Terribles :

16	Les Chenilles du ménage.....................	1 v.
17	Enfin seuls !...............................	1 v.

ŒUVRES DE PAUL FÉVAL FILS

21 22	Le Loup-Rouge...............................	2 v.
23	Le Testament à surprises....................	1 v.
24 25	Le Faux-Frère...............................	2 v.

Histoire d'Outre-Tombe :

26	Une soirée chez la Marquise.................	1 v.
27	Le Judas Breton.............................	1 v.
28	Le Bouquet du Moribond......................	1 v.

Les Amours du Docteur :

29	Tuteur infâme...............................	1 v.
30	Vierge-mère.................................	1 v.

Les Bandits de Londres :

31	L'Œil de diamant............................	1 v.
32	La belle Indienne...........................	1 v.
33	Trois Policiers.............................	1 v.
420	Un Notaire embêté...........................	1 v.

ŒUVRES DE CHARLES DE BERNARD

72	La Chasse aux Amants........................	1 v.
73	Le Gendre...................................	1 v.
74	Une Aventure de Magistrat...................	1 v.
75	Le Vieillard Amoureux.......................	1 v.
76	L'Homme de cinquante ans....................	1 v.
77	La Femme de quarante ans....................	1 v.

Chez tous les libraires : 0 fr. 20 — Franco-poste : 0 fr. 25

DEMANDEZ

chez

Tous les Libraires, Marchands de Journaux, etc.

LE CATALOGUE

DE LA

Collection A.-L. GUYOT

20, Rue des Petits-Champs, 20

MILLE
Romans des meilleurs Auteurs

Balzac, Paul Féval, Cooper, Mayne-Reid,
Pouchkine, Sinkiewicz, Edgar Poë, Th. Cahu, etc.

Le Vol. : **20** centimes

MANUELS UTILES
AGRICULTURE, CUISINE, RÉCRÉATIONS AMUSANTES

Le Vol. : **20** centimes

Encyclopédie A.-L. GUYOT
HYGIÈNE, LÉGISLATION, INDUSTRIE, SCIENCES, SPORTS, ARTS, MÉTIERS

Le Vol. : **30** centimes

On réalise 80 pour 0/0 d'économie sur ses dépenses journalières en se servant de l'Encyclopédie A.-L. GUYOT

MAISON MUSICALE
35, Rue des Petits-Champs, 35

POULALION

Éditeur de Musique

Vente et Location d'Instruments en tous genres
ABONNEMENTS A LA LECTURE MUSICALE

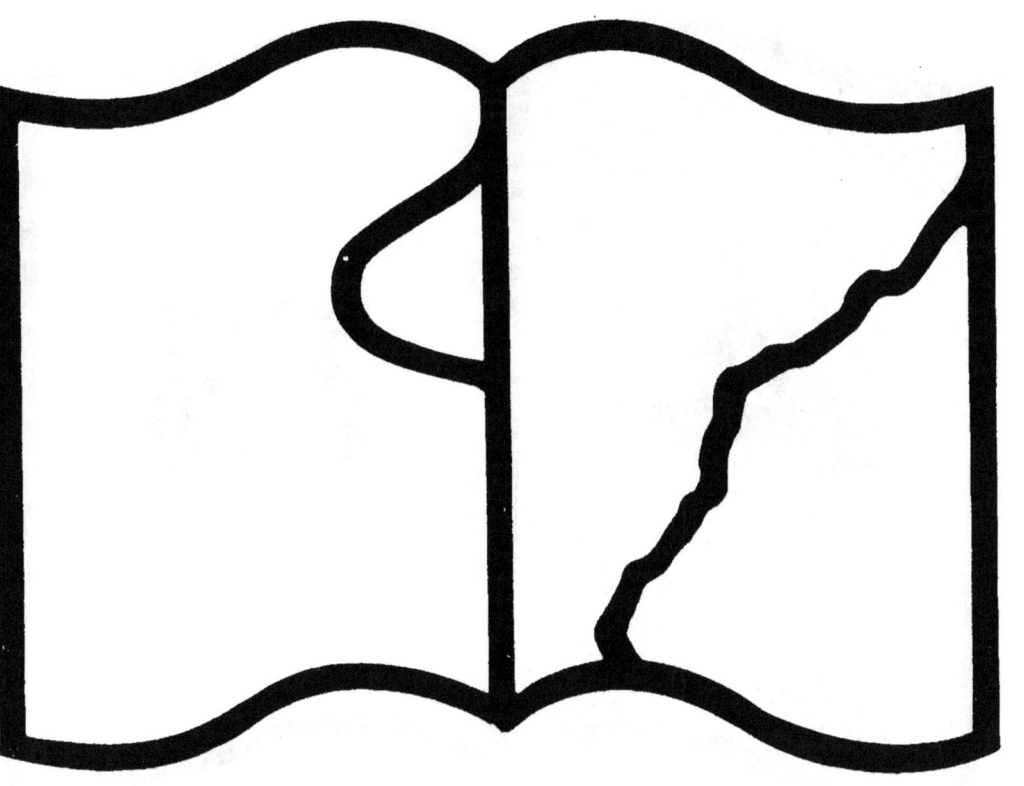

Texte détérioré — reliure défectueuse

NF Z 43-120-11

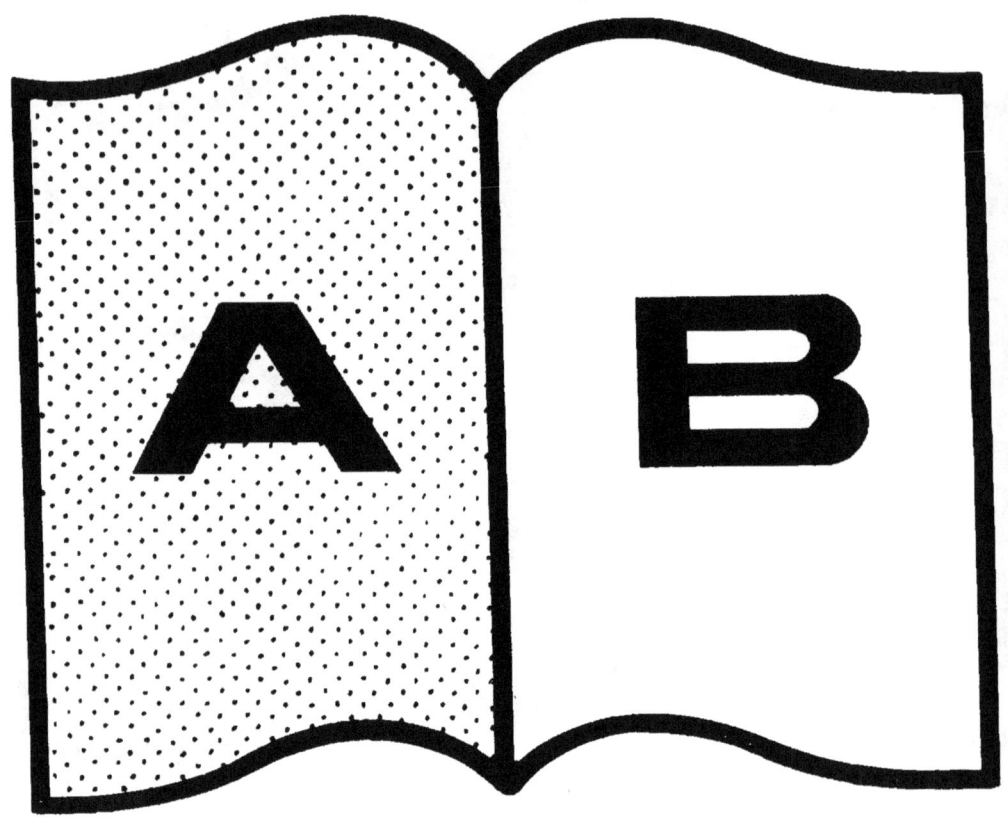

Contraste insuffisant

NF Z 43-120-14

www.ingramcontent.com/pod-product-compliance
Lightning Source LLC
Chambersburg PA
CBHW060200100426
42744CB00007B/1113